经典 历 **史**

U0669942

中国历史上著名的
艺术家

李默 / 主编

广东旅游出版社
GUANGDONG TRAVEL & TOURISM PRESS
悦读书·悦旅行·悦享人生

中国·广州

图书在版编目（CIP）数据

中国历史上著名的艺术家 / 李默主编 . — 广州：
广东旅游出版社 , 2013.10（2024.11 重印）
ISBN 978-7-80766-663-9

Ⅰ . ①中… Ⅱ . ①李… Ⅲ . ①艺术家–生平事迹–中
国–通俗读物 Ⅳ . ① K825.7-49

中国版本图书馆 CIP 数据核字 (2013) 第 221358 号

出 版 人：刘志松
总 策 划：李　默
责任编辑：张晶晶　梁诗淇
装帧设计：盛世书香工作室 腾飞文化
责任校对：李瑞苑
责任技编：冼志良

中国历史上著名的艺术家
ZHONG GUO LI SHI SHANG ZHU MING DE YI SHU JIA

广东旅游出版社出版发行
（广东省广州市荔湾区沙面北街 71 号首、二层）
邮编：510130
电话：020-87347732（总编室） 020-87348887（销售热线）
投稿邮箱：2026542779@qq.com
印刷：三河市嵩川印刷有限公司
　　　（河北省廊坊市三河市杨庄镇肖庄子村）
开本：650×920mm　16 开
字数：105 千字
印张：10
版次：2013 年 10 月第 1 版
印次：2024 年 11 月第 3 次印刷
定价：45.80 元

《经典历史》是一部全景式图文并茂记录中国文明历史的大书。出版者穷数年之力，会集各方力量——专家、学者、编辑、学术顾问们，在浩如烟海的历史档案、资料、著作中，探珍问宝，追寻中华文明在悠悠历史长河中的灿烂之光。此书的出版，凝聚了编撰者的心血，学术顾问们的智慧。尤其是李学勤先生，亲自动笔写下了序言，更增加了本书沉甸甸的分量。

中华文明的历史充满了辉煌与苦难，成就和挫折。它的历史无处不在，决定着我们中国人今天的思想和感情。当今的中国和中国人是中华文明的历史造就的，是中华文明的历史的延伸，也是它的一个组成部分，中华文明的历史之河奔流到现在。

中华文明是人类历史上最伟大的文明之一，是人类文明发展的主要构成。中华文明丰富、深刻、辉煌、博大，在人类文明中的骨干作用和领导作用人所共知。在人类文明的发源时期，中国就是四大古国之一，是地球上文化的策源地之一。在人类文明的早期，中华文明成为文明在东方的支柱，公元前后200年间，人类的汉帝国与罗马帝国这两只铁手攫住了地球。在欧洲进入中世纪的时候，中华文明更成为人类文明最主要的领导，它的文明统治东亚，传遍世界。进入近代，中华文明处于自身的重压和西方的欺凌下，但中国人民的斗争史和奋起精神是人类文明历史中不可缺少的一页。

五千年的中华文明为人类贡献出了从思想家孔子到科学技术的四大发明，从唐诗宋词到长城运河的伟大创造；贡献出了从诸子百家到宋明理学，从商周铜器到明清文学的深刻内涵；也贡献出了从五霸七强到三国纷争、从文景之治到十大武功的辉煌历史。中华文明的历史绚烂多彩，在人类文明的历史长河中永放光芒。

中华文明也是人类历史上最独特的文明，没有哪一个文明像中华文明这样持久，这样统一一致。世界上其他文明不但互相交错，其创造者也都与高加索人种有关，它们是姐妹文明。在人类历史中，只有中华文明才是独特的，它的创造者是中国土地上的中国人民，与其他任何地方的人民都没有关系，它的文化是统一一致的文化，可以不依赖其他任何文明而生存，但中华文明也绝不是封闭的，它接受他人的文化，也承担自己对于人类的责任。

人类进入新世纪，中国的社会经济发展令世人瞩目。人们对于世界未来的政治和经济结构的估计无不以东亚和太平洋为中心，而尤以中国为重点。

经济起飞只是当代中国的一个方面，中国的精神文明建设尤为刻不容缓。如果中国要自觉地发展中华文明，要有意识地使中国的发展具有世界意义，就必须发展强有力的精神文化，这样才能使中华文明的发展进入一个新的阶段，才能形成中国和中华文明的全面现代化。

而中国的精神文化的发展植根于中华文明的伟大传统之中。进入近代之后，在西方文化的冲击下，对于中国文化的价值产生了大量的情绪化和激烈冲突的论调。"五四"运动"打倒孔家店"的口号具有冲破封建束缚的时代意义，对中国文化的发展有不容否认的正面意义，与文化虚无主义是完全不同的。文化虚无主义者否定中国传统文化，在现代化的旗帜下主张全盘西化；而复古主义则沉迷于中国文化的古董，走进反进步、反科学的泥潭。

历史的发展则超越了所有这些论点，产生这些论调的一百多年来的中国近代史已经结束。历史要求中国发展，要求中国走在全世界发展的前列。西化论和复古论都已过时，历史已经要求世界超越西方，中国可以承担起世界的命运，而中国的现实和世界的历史都说明，中国的使命在于它的发展前进，而非倒退。

中华文明走出迷惘的时代，我们这一代处在一个伟大而具有挑战的历史阶段。

总结历史、展望未来，这就是《经典历史》的意义和使命。我们创作《经典历史》，力求总结和回顾中华文明的全貌，在内容和形式上都开创一个新的局面。在内容结构上，既具有一定的深度，又具有相当的广博性，既有严谨、准确的学术价值，又有活泼、流畅的可读性。本丛书内容纳了中华文明的各个方面，使它综合了大规模学术著作的系统性、严密性和普及读物的全面性、简易性，它既可作为大型工具书检索中华文明的各个成分，又可作为通俗的读物进行浏览。

我们从上世纪 90 年代初起就开始思考中华文明的历史和现实问题，并逐渐形成了编著《经典历史》的设想。在开展这项庞大的文化工程之始，我们就聘请了国内权威学者李学勤、罗哲文、俞伟超、曾宪通、彭卿云诸先生担任学术顾问，他们对计划作了充分讨论，并审阅了大量初稿。我们聘请了广州、香港地区的社会科学学者、大学教师、研究生以及我社编辑人员几十人担任稿件的撰写工作。

通过创作这部书，我们深深地感受到了中华文明的博大精深，也感受到了它的内在缺陷。中华文明具有辉煌的时期，也有苦难的年代，有它灿烂的成就，也有其不足的方面。中华文明在自身中能够吸取充分的经验和教训，就能够使自身健康壮大，成长发展。

通过创作这部书，我们也深深感受到了出版事业的使命和重任。我们希望这部书能受到广大读者的喜爱，起到它所应当起的作用，为中华文明的反省、前进和奋起作一点贡献。

目 录

赵穿弑晋灵公·董狐书法不隐

晋灵公是暴虐之君。他向民众厚敛赋税，铺张地用税收来彩画墙壁。晋灵公从高台上用弹丸打人，看人们躲避弹丸，以此作乐。厨子烧煮熊掌不熟，被晋灵公杀死，放在畚箕里，让女人用头顶着走过朝廷。赵盾和士会看到，问知杀人的缘故，感到担心，准备进谏。士会对赵盾说："您若劝谏不成，就没有人接着劝谏了。不如我先去，您再接着劝谏。"士会进谏多次，晋灵公口是心非，并不改正。赵盾又屡次进谏，晋灵公很讨厌，派遣鉏去刺杀赵盾。某日清晨，赵盾卧室之门已经打开，赵盾穿戴整齐，正打算入朝。因为时间还早，所以他正端坐闭目养神。鉏见状，叹气道："不忘恭敬，真是百姓的主人。刺杀百姓的主人，就是不忠；放弃国君的命令，就是不信。两者必取其一，不如一死了之。"于是便撞在槐树上死去。

周匡王六年（前607年）九月，晋灵公请赵盾喝酒，埋伏下甲士，打算杀赵盾。赵盾的车右武士提弥明觉察后，快步登上殿堂说道："臣下侍奉国君饮酒，超过三杯，就不合礼仪了。"于是扶赵盾下殿。晋灵公嗾使恶狗猛扑赵盾，提弥明上前搏斗，将恶狗杀死。赵盾说："丢开人而利用狗，虽然凶猛，又有什么用！"边斗边退出来。晋灵公的卫兵灵辄受过赵盾的恩惠，见赵盾危急，便倒过戟来抵御晋灵公的其他禁卫兵，使赵盾免于祸乱。九月二十三日，赵盾的弟弟赵穿在桃园杀死晋灵公。此时，赵盾正欲逃往别国，尚未走出国境，听到晋灵公的死讯，便回国都重登卿位。

赵盾复位，派赵穿迎晋襄公之弟黑臀于周而立之，是为成公。晋太史董狐将此事记录下来，写上："赵盾弑其君。"赵盾对董狐说："弑君是赵穿，我无罪。"董狐却说："你身为正卿，亡不越境，反不讨贼，不是你是谁呢？"孔子知道此事后，赞董狐为"古之良史也，书法不隐"，又称赵盾为"古之良大夫也，为法受恶"。董狐对我国史学秉公直书的传统影响颇大。

晋成公元年，晋成公赐赵氏为公族。自此以后，晋国的政权逐渐下移，由卿大夫专国政。

屈原作《九歌》

《九歌》本是远古的乐曲名。屈原的《九歌》是在楚地祀神歌舞的基础上创作而成的。它包括《东皇太一》、《东君》、《云中君》、《湘君》、《湘夫人》、《大司命》、《少司命》、《河伯》、《山鬼》、《国殇》、《礼魂》共11篇作品。《礼魂》是送神曲，《国殇》祭奠为国捐躯的将士，其余9篇，各祭1位大神地祇。《九歌》带有浓厚的宗教情调，普遍采用由男女巫觋扮作神祇和迎神者，互相唱和的形式，如同生动的歌舞剧。其中有隆重热烈的迎神场面，有对神的礼赞和歌颂，更多的是写男女神祇之间的爱慕和思念，实际是笼罩着宗教面纱的人间恋歌。《九歌》的语言优美隽永，风格清丽绵邈，深婉曲折。诗中善于表现主人公深邃复杂、缠绵细腻的感情。如《山鬼》中写女主人公精心妆扮，伫立于山巅，等候恋人，时而自信，时而怨恼，

九歌图卷局部

时而猜测，时而狐疑，时而感
伤。诗中把她那种起伏不定，
倏忽变化的思绪表现得淋漓尽
致，充满了哀怨忧伤的情调。
《九歌》中还常常用环境描写
来烘托感情，创造情景交融的
境界。如《湘夫人》中描写湘
君等候湘夫人的情景，萧飒的
秋景，衬托着湘夫人的绰约身

九歌图局部

姿，勾起湘君的无限惆怅。诗的一开头，就把读者带进了优美而凄婉的意境。
另外，《国殇》一诗是对阵亡将士的祭悼，写出了激烈的战斗场面和将士们视
死如归的战斗意志，风格也豪迈悲壮，是历来传诵的名篇。

　　《天问》作于屈原被逐之后，相传他走进楚国先王之庙和公卿祠堂，见到
壁上所画的天地山川、神灵鬼怪及古代圣贤的故事，于是援笔发问，以抒忧
泄愤。诗中共提出 170 多个问题，涉及很多神话传说和历史故事，表现了屈
原的怀疑批判精神和深沉的忧国情绪。它是研究中国古代神话的珍贵资料。

　　楚辞是屈原在楚地民歌基础上改造而成的一种新诗体，其名称最早见于
汉初，人们用它来称指屈原、宋玉等人的作品以及汉代作家的模仿之作。屈
原是楚辞的伟大奠基者，他的作品在中国诗歌史上占有重要地位。本世纪 50
年代，他曾被推举为世界文化名人。

屈原作《离骚》

屈原像

《天问》书影。屈原在《天问》中，一连提出一百多个问题，上问天，下问地，包罗万象，充分表现出屈原强烈的社会责任感和浓郁的浪漫主义色彩。

周赧王十六年（前299年），屈原被放逐。他"忧愁幽思"，看到楚国的政治现实和自己的不平遭遇，"发愤以抒情"，创作了一首政治抒情诗——《离骚》。由于诗中抒写出诗人自己的身世、思想和遭遇，也有人把它看作是诗人的自传。

《离骚》前部从自己的世系、品质、修养和抱负写起，回溯了自己辅佐楚王所进行的改革弊政的斗争及受谗被疏的遭遇，表明了自己决不同流合污的政治态度与"九死未悔"的坚定信念；中间部分总结历史上兴亡盛衰的经验教训，阐述了"举贤授能"的政治主张，并从而引出神游天地、"上下求索"的幻想境界，表现了对理想的执著追求；最后部分是在追求不得之后，转而询问出路，从中反映了去国自疏和怀恋故土的思想矛盾，终于不忍心离开自己的祖国，最后决心以死来殉志。诗中塑造了具有崇高品格的主人公形象，反映了诗人实施"美政"、振兴楚国的政治理想和爱国感情，表现了诗人修身洁行的高尚节操和嫉恶如仇的斗争精神，并对楚国的腐败政治和黑暗势力作了无情的揭露和斥责。这正是《离骚》作为政治抒情诗的精神实质和不朽价值。《离骚》是屈原用他的理想、遭遇、痛苦、热情，以至于整个生命所熔铸而成的宏伟诗篇，其中闪耀着诗人鲜明的个性光辉，这在中国文学史上，还是第一次出现。诗中大量运用古代神话和传说，通过极其丰富的想象和联想，并采取铺张描叙的写法，把现实人物、历史人物、神话人物交织在一起，构成了瑰丽奇特、绚烂多彩的幻想世界，从而产生了强烈的艺术魄力。

屈原是中国第一个文人诗人，此诗是战国最杰出的文学作品，在形式、文学手法上都是空前的，在文化意识上表现出战国文明上升的深广性。

李斯确定篆书·秦统一文字

战国时，文字的形体非常紊乱，各国文字不统一，不但字体不同，同一个字所采用的声符、形符也都有很大差异。秦统一六国后，"文字异形"给政令的推行和文化的交流造成严重障碍，于是秦始皇责令丞相李斯负责对文字进行整理，除去和秦国文字出入较大的，制定出新字体作为官方文字。李斯取史籀大篆，创造小篆，并使之成为秦代官方文字。

李斯不仅是秦代政治家，还是书法家。他对篆书有很深的造诣，北朝王愔《古今文字志目》、南朝羊欣《采古来能书人名》，都推李斯为秦代书法家之首。为统一文字，李斯作《仓颉篇》，取史籀大篆，创造小篆，他所书的篆书骨气风韵方圆妙绝，对后代篆书影响很大。同时代的书法家赵高作《爰历篇》，胡毋敬作《博学篇》，也都以大篆作基础创造出小篆，对小篆的形成作出一定的贡献。

由大篆省改而形成的小篆，形体长方，用笔圆转，结构匀称，笔势瘦劲俊逸，体态典雅宽舒；字形图画性减少，线条符号性增强，异体字已经很

少，偏旁部首的写法和位置基本固定，字形比较简化，是中国文字发展史上的一大进步。小篆之后的文字称今文，之前的则是古文。

李斯确定篆书，秦统一文字，结束了战国以来文字异构丛生，形体杂乱的局面。篆书成为官方文字，具有权威的意义，之后历代官方更采用篆书作印章文字。而文字的统一推动中国文化的统一，在中华文明史上有不可忽视的作用。

秦代篆书主要用于官方文书、刻石、刻符等，流传至今的作品《泰山刻石》、《琅琊台刻石》、《绎山刻石》、《会稽刻石》，相传都出自李斯之手。《泰山刻石》风格圆润，严谨工整；《琅琊台刻石》用笔既雄浑又秀丽，结体的圆转部分更为圆活，二者都是秦代小篆的代表作。

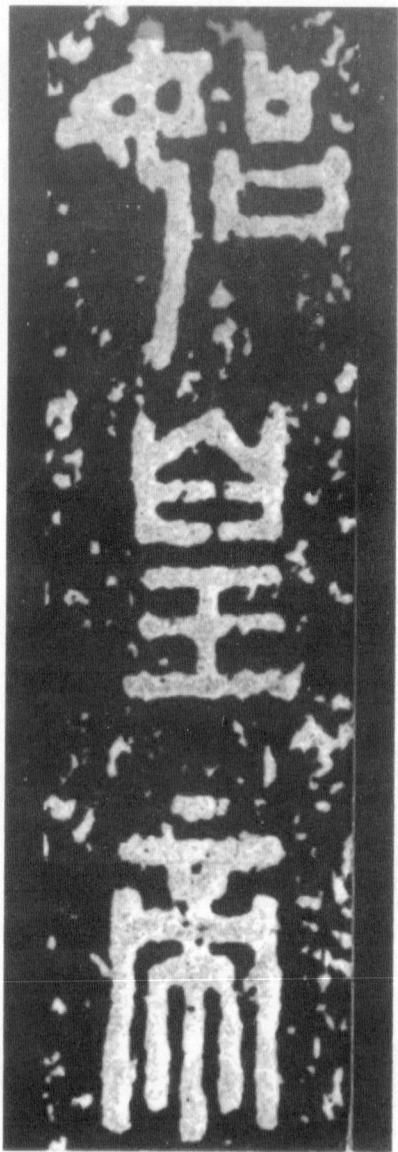

秦代书体"始皇帝"

卫恒作《四体书势》

卫恒是西晋书法家，他潜心书法理论，撰成《四体书势》一卷，从理论的角度提升了三国两晋时的书法艺术。

卫恒（？—291年），字巨山，西晋河东安邑（今山西夏县北）人。官至黄门侍郎。卫氏一门四代均善书法，家学渊源，历数世而不衰坠。卫恒擅长各种草、隶书体，但传世之作多为草体，笔法刚健有余，又流转风媚。

卫恒晚年时撰成《四体书势》，从风格辨识文字的书体，进而提出"书体"和"书势"的命题，阐明其特点，认为书势是静止的书法所显示出来的动态，具有节奏和运动感，而且由于书体之不同，则书势随之存在差异，即"异体同势"。后来王珉、刘劭，直至康有为、沈尹默的书法理论，都是承卫恒之说而来的，只是有所丰富发展而已。《四体书势》在于对四体书法的欣赏，他以自然形象为比喻，寓评论于欣赏之中。这同于《诗经》六义中的"比"，有异曲同工之妙。

《四体书势》是现存最早和比较可靠的重要书法理论之一，有关当时的各种书体、书史的演变，此书都有记载。它具有很高的史料价值。

陆机写《平复帖》

西晋时，陆机写成《平复帖》。他的书法，代表了三国孙吴士大夫阶层的风格，质朴老健，自然天成。

陆机，字士衡，吴郡（今江苏苏州）人，著名的文学家、书法家。自小就以文章得名，特别擅长于辞藻宏丽之诗文。尽管陆机为文名所掩，因而书名不彰，但《平复帖》奠定了他在书法史上的地位。

《平复帖》是中国古代名书法家流传至今的最早墨迹，帖纸本，纵23.8厘米，横20.5厘米。帖的内容是写给朋友的一封信札，文词优美，书体应是当时流行之式，可以看到草书由章草向今草的发展和演变，书法使用秃笔。

北宋《宣和书谱》把《平复帖》列入章草类，殊为欠妥。因为原迹上的每个字均无蚕头凤尾，也无银钩虿尾之状，与所有的《急就章》写法全不相同。

《平复帖》纸纹细断，墨色微绿，古意斑驳，而字奇幻不可读。这种笔法与后来之怀素《千文》、《苦笋帖》和五代杨凝式之《神仙起居八法》有近似之处。可见该帖对书史之影响。

"太康之英"陆机被杀

西晋太安二年（303年）八月，文学家陆机及其弟陆云被杀。

陆机（261年—303年），西晋文学家，字士衡，吴郡吴县华亭（今上海市松江县）人。出身于名门世族，祖陆逊，父陆抗，皆为三国时吴国名将。陆抗去世时，陆机14岁，即与其弟兄分领父兵，为牙门将。20岁时吴亡，与其弟陆云退居故里，闭门苦学，十年不仕。太康十年（289年），两兄弟来到洛阳，文才倾动一时，誉满京师，有"二陆入洛，三张减价"之说。太常张华对他们尤为爱重，说："伐吴之役，利获二俊。"陆机入晋后历任太子洗马、著作郎、中书郎等职。又由成都王（司马颖）荐为平原内史，故世人称之陆平原。太安初，为成都王率兵讨长沙王（司马乂），任后将军，河北大都督，兵败被谗，为司马颖所杀，夷三族。陆机今存诗约百余首，其作品注重形式技巧，讲究词

　　晋木棺彩绘伏羲女娲图。图在漆木棺盖内面，右侧绘伏羲，左侧绘女娲，皆人首龙身，龙身下部有两足。身披羽裳，宽衣博带，迎风飘动。伏羲有微须，右手持剪，左手捧赤日，日中有黑色三足乌。女娲发髻高耸，左手持规矩，右手捧明月，月中有蟾蜍。伏羲和女娲的周围满布流动的云气纹，象征墓主人死后升仙登临的天界。这幅《伏羲女娲图》，深灰色作底，上以朱砂、石黄、赭石、石青、白、黑等色涂绘。刻划细微，用笔流畅随意，以浩荡的云气衬托出邀游其间的神仙，具有奔放飞扬的气势。

藻对偶，文辞华美，代表了太康文学的主要倾向。他在文学理论方面也有所建树，其《文赋》是中国第一篇系统的创作论，对后世的文学创作和理论发展产生了重要的影响。他的赋今存27篇，大都篇幅短小、文笔轻灵，或直抒胸臆，或咏物寄怀。而他的骈文似比诗、赋更为出色，较著名的有《辩亡论》、《吊魏武帝文》，前者宏记滔滔、笔墨酣畅，后者时而豪放、时而委婉，深得后人嘉许。除文学创作以外，他在史学、艺术方面也多有造诣。曾著有史学著作《晋纪》4卷、《吴书》（未完成）、《洛阳记》1卷等，可惜已散佚。所书《平复帖》是书法中的珍品。还有画论，但仅见诸唐人所记，已失传。

陆机是西晋太康、元康间最著名的文学家，故被后人称为"太康之英"。

书法家卫夫人卒

东晋永和五年（349年），女书法家卫夫人去世。

东晋玄武画像砖。江苏省镇江市郊农牧场出土。玄武为"四灵"（朱雀、玄武、青龙、白虎）之一。"四灵"之神在汉代极为紫拜，为汉壁画中常见题材。而此墓出土有"四灵"画像砖多件，仅"玄武"就出土有六方。这表明"以四灵正四方"的传统宗教观念，时至东晋末年仍很流行。此砖一幅一像，形象集中突出，以单色涂成，古朴生动。在玄武旁有隶书两行。

卫夫人（272年—349年），名铄，字茂漪，河东安邑（今山西夏县北）人，书法名家卫伯玉族孙女，（东）晋初汝阳太守李矩妻。

卫夫人拜钟繇为师学习书法，并受到祖辈的影响，擅长楷、行、篆、隶书，楷体造诣尤高。王羲之少时曾从她习书法。相传她著有《笔阵图》（或以为王羲之撰，或以为六朝人伪论）一书，阐述执笔、用笔方法。她形象地比喻7种笔画的写法为：横（一）应像"千里阵列云"；点（、）应像"高峰坠石";撇(丿)应像"陆断犀象";弯勾(乚)应像"百钧弩发";竖(丨)应像"万岁枯藤";捺(㇏)应像"奔浪雷奔";折勾(㇆)应像"劲努筋节"。卫夫人认为写字时,下笔点墨,画芟波屈曲,都须尽一身之力运笔送笔。她说,善笔力者多骨,不善笔力者多肉。多骨少肉者叫筋书,多肉少骨者叫墨猪。多力丰筋者圣,无力无筋者病。

晋庄园生活壁画

唐代张怀瓘《书断》中将她的隶书列为妙品,并评述其书法为婉然芳树,穆若清风。她的书法真迹早已失传,仅北宋《淳化阁帖》中存有行楷8行96字。

王羲之作《兰亭集序》

王羲之(303年—361年),字逸少,祖籍琅琊(今山东临沂),会稽(今浙江绍兴)人。

他是晋司徒王导从子,曾任秘书郎、参军、长史、宁远将军、右军将军等职,后人称之为"王右军"。当时权臣殷浩与桓温不和,王羲之曾从中调解,但未奏效。东晋永和十一年(355年),他因与骠骑将军王述不和而称病离职。王羲之一生喜好游山玩水和结交朋友。

相传王羲之7岁学书,12岁开始通读前人笔论。他的主要贡献也集中表现

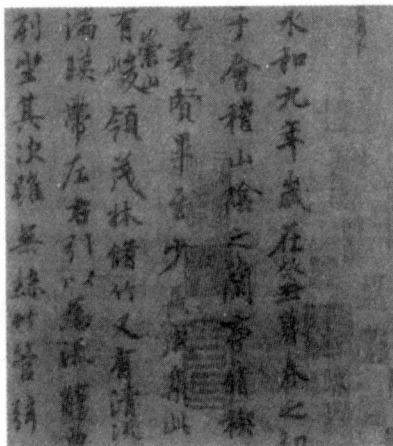

兰亭序帖卷(局部)。东晋王羲之书,纸本,行书。王羲之的真迹,相传已葬入唐太宗李世民昭陵,但唐代多有摹本,尤以冯承素"神龙本"(因帖上有神龙半印得名)最精。

在书法的成就上，与其子献之并称"二王"。他先拜卫夫人为师学习书法，后博采众长，书精诸体，尤其擅长楷书和行草书，风格妍美流便，一改汉魏以来质朴书风，把书法推向全新的境界，被誉为"书圣"。他的传世代表作有《兰亭序》、《十七帖》、《姨母帖》、《奉橘》、《丧乱》、《初月》等。其中《兰亭序》对后世的影响最大，被称为天下第一行书。

东晋穆帝永和九年（353年）三月三日，王羲之与当时的文士名流谢安、孙绰等41人会集在会稽山阴县境内的兰亭，饮酒赋诗，各抒怀抱，事后集结成册，编定为《兰亭集诗》，由王羲之撰写《兰亭集序》。

《兰亭集序》首先记叙了这次燕集的盛况，指出参加聚会的都是才德兼备的人士，再以生动的笔调来描写兰亭的景色，"虽无丝竹管弦之盛，一觞一咏，亦足以畅叙幽情"描写文人们在旷达的环境中畅叙。画面清晰，情景交融。其次即文抒情，感叹人生的聚散无常、年寿有限，带有消极情绪。"欣于所遇，暂得于己"时就"快然自足，曾不知老之将至"，"所之既倦，情随事迁"的时候又"感慨系之矣"。情绪消沉，反映了当时士人对现状无奈和及时行乐的思想，也表现了王羲之在封建社会里的各种矛盾之中的复杂感情。最后说明写这篇序的原因。"临文嗟悼，不能喻之于怀"。作者认为"一死生为虚诞，齐彭殇为妄作"，魏晋以来，文坛上流行玄学，而王羲之不赞同庄子虚无主义的观点，能较客观地认识生死寿夭这个问题，这种思想在当时是有积极意义的。

《兰亭集序》是一篇为人传诵的优美散文。文笔清新疏朗，情韵绵邈，不带魏晋以来的排偶习气。当时清淡玄理风气兴盛，深文周纳，淡言寡味，而这篇序感情真挚，自然朴素，给人以质朴清新之感。

王羲之像

王羲之书法冠古今

东晋王羲之潜心书法，博采众长，一变汉、魏朴质书风，创妍美流便之体，遂臻神妙，成为一代书圣，冠绝古今。

王羲之，字逸少，琅琊临沂（今山东）人，乃名门之后，祖王正为尚书郎，父王旷乃淮南太守。王氏起家秘书郎，为征西将军庾亮参军，累迁长史。进而为宁远将军，江州刺史，至右军将军，会稽内史，所以后人都叫他王右军。后辞官，定居会稽山阴（今绍兴）。

王右军年轻时跟随卫夫人学习书法。后又遍游名山大川，遍学李斯、曹喜、钟繇、梁鹄等人书法，不断吸收前人的营养，提高艺术水平。王氏草书学张芝，楷书学钟繇，精研体势，损增古法，遂自成一家。《书断》列其隶、行、章草、飞白、草书为神品，八分书入妙品，可见地位之高。他的草书损益合宜，风骨精熟；隶书骨肉相称，婉态妍华；行书天姿神纵，无以寄辞。王氏备精诸体，千变万化，得之神功，被誉为"冥通全圣"。古代书家被称为"书圣"的有好几位，最后只有王羲之的书圣桂冠一直保持不坠。

王氏传世作品甚多，但流传至今，多为后人托伪之作，而传为墨迹的，

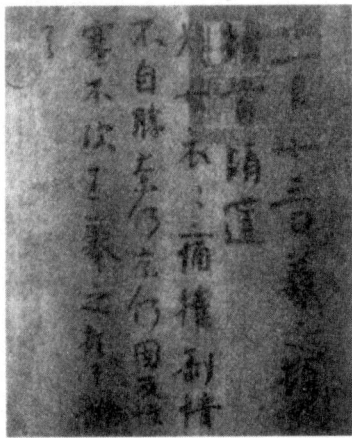

东晋王羲之《姨母帖》。《姨母帖》字体端庄凝重，笔锋圆浑道劲，尚存分书痕迹。如以晋人的简牍与之相比，就可看出此帖最具晋人书法的特点。《姨母帖》是《万岁通天帖》中的第一帖。唐武则天万岁通天二年（697年），王羲之家族后裔王方庆进王氏一门书翰十通，武则天命以真迹为蓝本，用钩填法摹之以留内府，通称《万岁通天帖》。原本仍还王方庆，早已散佚。

东晋王羲之《兰亭序》(神龙本)。《兰亭序》曾在我国古代书法发展史中产生过巨大影响。

寥若晨星。其中影响较大的有：《兰亭序》。它的传本甚多，以"神龙本"为最精。东晋永和九年（353年）三月三日写于山阴兰亭，是其草书代表作，笔法遒媚劲健，极为美观，其笔势"飘若浮云，矫如惊龙"。藻丽多姿，开一代风气之先河。《快雪时晴帖》，唐钩填本，现为台湾故宫博物院收藏。《宣和书谱》中有著录，后人多认为是真迹，其笔法圆劲古雅，意致优闲逸俗。但是，该帖笔法便转，流露出唐人气味，纸精带竹纹，字墨纤毫无损。

王氏对隶、楷、行、草各体书法都很精工。他的《乐毅论》是继钟繇《宣示表》、陆机《平复帖》之后，又一楷书精品，使楷书至此最终独立为新书体。智永称《乐毅论》为"正书第一，梁世模出"。其中用笔结体与《宣示表》有明显的差别，已脱尽隶体的古拙，楷味历历可见，对后世楷书的发展，影响至深。在行书方面，王氏创意更深。《兰亭序》是目前所见最早、最典型的行书作品，雄逸流动、变化多姿，在行书产生发展的历史上具有划时代的意义。他的另一行书名品《快雪时晴帖》与王珣《伯远帖》、王献之《中秋帖》并为稀世珍宝，乾隆时藏于养心殿西暖阁"三希堂"。

王氏行草以《十七帖》和《万岁通天帖》中的《初月帖》最为卓著。前者笔方离方遁圆，结字从容衍裕，气度恢宏。后者章法奇巧，笔势凝重，任率自然，"有不可尽之妍"的美誉。被历代书家奉为楷模的《上虞帖》（又名《得书帖》），是王氏在草书方面的力作。全帖笔势灵动，结字布白，千变万化，自成一种风气。

王羲之的书法作品很多，梁武帝曾搜集他同子献之的书一万五千纸以上，唐太宗遍访王书，得羲之书三千六百纸，到宋时徽宗尚保存二百四十三纸。但他的书法真迹无一留存，仅能从唐代和尚怀仁集的《圣教序》和大雅集的《兴福寺半截碑》等摹本刻帖中了解基本面貌。

这位"书圣"的书法艺术承汉魏之脉，开晋后书风，树立了楷、行、草的典范，后世莫不宗法。

王献之开拓新书体

东晋中晚期，书风极盛，尤其是王羲之的书法代表了"晋人法度"，名冠当世，直接继承羲之书法体势并同样对书法发展产生重大影响的是他的第七子王献之。梁武帝萧衍《书评》说："王献之书，绝众超美，无人可拟"。他与父羲之齐名于世，并称"二王"。

王献之（344年—386年），字子敬，小字官奴，官至中书令。他从七八岁时开始学习书法，一次羲之乘他专心写字时，猛然间从身后抽他的笔，竟没抽走，心里暗喜，知献之在书法方面定会有成就，就着意让他临摹自己的字，并专书《乐毅论》作为献之学书的范本。接着献之师法张芝，并精隶、真、行、草诸体，"后改变制度，别创其法"，使自己的书风独具一格。他作书时常是随兴挥洒，发自情怀，"虽权贵所逼，了不介怀"。曾取扫帚蘸上泥汁在墙壁上飞舞出方丈大的字，引来许

东晋王献之《鸭头丸帖》

多人围观。羲之恰巧看到，很表满意。

献之行草出于羲之而别有创意，"兴合如孤峰四绝，迥出天外，其峻峭不可量"，"雄秀惊人，得天然妙趣，内中多有飞白，为天上神品"。代表作有《鸭头丸帖》和《中秋帖》。前者笔丝上下相连，贯通一气，"笔画劲利，态致萧疏，无一点尘土气，无一分桎梏束缚"，天机流荡，浸润着一股逸气。它不同于其父草书的"破体"之风，颇能体现王献之气脉通连，绵延不绝的"一笔书"精神。

《书断》说献之"学竟能极，小真书（即楷书）可谓穷微入圣，筋骨紧密，不减于父"。《洛神赋玉版十三行》是他小楷的代表作，最有王氏风范。全帖神韵超逸，上下左右均能顾盼照应，富有节奏；分间布白，错落有致，而且将《乐毅论》横势书体改成纵势，深得楷书宗极，可以说，今楷书体的衍变过程到献之最终完成。

王献之传世墨迹不多，但在其父的基础上创意不少，而且所传墨迹，或为真迹或在很大程度上保留了真迹面貌，对后学者颇有益处。他与父亲的书法各成其道，"子为神骏，父得灵和"，既是旧书体的集大成者，又是诗书体的开拓者，在中国书法史上影响最大，被历代书者奉为楷模。

戴逵去世

东晋太元二十一年（396年），雕塑家、画家、哲学家戴逵去世，享年71岁。

戴逵（约325年—约396年），字安道，谯郡（今安徽亳县）人，后移居会稽剡县（今浙江嵊县西南）。《晋书》设传将他列为隐逸士人。博学多才，"好谈论，善诗文，能鼓琴，工书画"。小时候曾以白瓦屑和鸡蛋汁等原料作郑玄碑，并自己镌刻，被誉为"词美书精"。当时武陵王司马听说他擅长演奏古琴，派人去召他，戴逵当使者面将琴砸坏，说："戴安道不为王门伶人。"孝武帝欣赏他的才华，以散骑常侍、国子博士几次征召，他都不肯就任。后谢玄上疏希望孝武帝体察戴逵隐居和重节操的心情，恳请收回召命，孝武帝于是同意。

戴逵擅长书画，他根据张衡作品绘制的《南都赋图》，颇受好评。并且他对人物、山水画都能精通，山水人物"情韵绵密，风趣巧发"。作品有《阿谷处女图》、《孙倬高士图》等。又擅长雕刻及铸造佛像，曾为会稽山阴（今浙江绍兴）灵宝寺作木雕无量寿佛一尊、胁持菩萨两尊，还为建康（今江苏南京）瓦棺寺塑《五世佛》。与顾恺之的壁画《维摩诘像》和狮子国（今斯里兰卡）送来的玉佛，并称"三绝"。另外，戴逵还著有《释疑论》，与名僧慧远等辩论，反对佛教因果报应说。

顾恺之作《洛神赋图》

《洛神赋图》为东晋顾恺之的传世之作，充分体现了顾恺之在刻划人物内心世界和表现意境方面的才能。

顾恺之才高艺绝，勤于创作，据文献记载，他的作品有很多，但真迹都已失传。《女史箴图》和《洛神赋图》是现存的最要的两种摹本。《洛神赋图》今有宋代摹本5种。画卷为绢本，设色，长572

宋摹本东晋顾恺之《洛神赋图卷》

厘米，高 27 厘米。

《洛神赋图》题材取自三国时曹植著名的《洛神赋》。这幅画分为三个部分，曲折细致地描绘出曹植与洛神真挚纯洁的爱情故事。画卷开端，曹植一行来到洛水之滨，惊见洛神之出现。洛神在云天、在水波间自由地遨游，"翩若惊鸿，婉若游龙"，这部分定名为"惊艳"。第二部分是"情"。曹植向洛神倾诉爱慕之心，洛神感动，与曹植互诉衷肠。接着青鸟传情，洛神依依不舍地离去。第三段为"偕逝"，画面从神话世界转为想象中的现实。洛神没有远逝而去，重又回到曹植的身边，一同乘楼船渡过洛水，喜结良缘，使人神之恋终于实现。

《洛神赋图》艺术上富于诗情画意，跌宕多姿，深具节奏感和音乐美。画家长于想象，构思精巧，洛神和曹植在一个完整的画面里多次出现，组成有首有尾的情节发展过程，而画面和谐统一，丝毫看不出连环画式的分段描写的迹象。在人物造型上，此图典型地体现了顾恺之"以形写神"、"传神写照"妙在"阿睹"的艺术思想。洛神的飘逸飞动与曹植的雍容深沉形成了鲜明的对照。在山川景物环境的描绘上，无处不展现出一种空间美。一切景物均奇丽多姿，并化"景语"为"情语"，为人物传情达意服务，体现了早期山水画的特点。画家把神话境界用现实图景来作处理，既写实又富有浪漫情调，感染力十分强烈。

《洛神赋图》是中国美术史上不可多得的精品，也是顾恺之绘画艺术的代表作。宋代的摹本相当忠实于原作的气息，用笔细致遒劲，如春蚕吐丝，紧劲连绵，这种笔法，史称"高古游丝描"，我们可以从战国时代的《龙凤人物图》和《御龙登天图》看到这种技法的雏形。而画中的人物造型和神情的表达，显然又本于汉代民间绘画的传统。顾恺之能博采众长，阐发新意，因而将传统绘画推上一个新的高峰。在他之后，绘画的写实性更加深入，描绘能力迅速提高，画坛出现了一个新局面。

顾恺之代表魏晋绘画艺术高峰

东晋义熙元年（405年），著名画家顾恺之去世。

顾恺之（344年—405年）是东晋绘画的卓越代表人物，也是我国历史上著名的大画家、早期的绘画理论家。他出身士族高门，字长康，小名虎头，少年时便当上了大将军恒温的参军，后任散骑常侍。顾恺之多才多艺，名声很大，当时有"画绝、才绝、痴绝"的"三绝"称号。在绘画上，他总结了汉魏以来民间的和士大夫的绘画经验，把传统绘画向前推进了一大步。

顾恺之善画肖像，亦工山水，他认为绘画妙在传神，要以形写神，有"传神写照，尽在阿睹中"的妙语。青年时代，他为江宁瓦棺寺作维摩诘壁画，当众为画像点睛，三日间便为寺院募得百万钱，此事轰动一时。他为裴偕画像，在颊上添上三毫，就使画像神采奕奕；面谢鲲则以岩壑为背景，因为谢鲲好游山玩水，故借此以表现其志趣风度。唐代书画评论家张怀瓘的《画断》说："像人之美，张（僧繇）得其肉，陆（探微）得其骨，顾（恺之）得其神，以顾为最。"一语奠定顾在绘画史上的地位。顾恺之本人在其画论里也说，画"手挥五弦"固然不易，但画"目送飞鸿"更难。此语正体现了他对神形兼具的追求，这一点对后来的中国画创作和绘画美学思想的发展，有很大的影响。

顾恺之的绘画题材涉及道释、人物、山水、禽鸟，无所不包，有文献记载的不下六七十件，但真迹均已失传。从流传至今的被认为是顾恺之原作摹本的《女史箴图》《洛神赋图》《列女仁智图》中可以看出顾恺之艺术的风格和神韵。

《女史箴图》（唐摹本）是依据西晋张华的文学作品《女史箴》而画，从

《归去来兮图》。"入世"与"出世"是中国知识分子思想中互补的两极。陶渊明《归去来兮辞》，正是"出世"这一极的最好反映。

《归去来兮·临清流而赋诗》

"班婕有辞，割欢同辇"起至"女史司箴，敢告庶姬"止，共分九段。内容是教育宫中妇女如何为人的一些封建道德规范，但图卷中出现的是一系列动人的妇女形象，有冯婕妤奋起驱熊的矫健，有班婕婉言辞辇的端庄，有宫女日常梳妆的妩媚。画中的人物"笔彩生动，髭发秀润"，衣带迎风飘举，仪容典雅自然；其创造绘画形象的主要特征是注重用线造型，线条以连绵不断、悠缓舒展的形式体现出节奏感，用线的力度不大，如"春蚕吐丝"一样。顾恺之已将战国以来的"高古游丝描"发展到了完美无缺的境地。

《列女仁智图》（宋摹本）同样表现了传统题材，全卷原分15段，现存

"楚武邓曼"、"卫灵公妻"、"孙叔敖母"等8段，画后题赞。画卷布局方式与形象特征与《女史箴图》相近。虽沿用自汉以来的传统题材，但在情节的表现上则注意到以人物的动态来处理相互之间的关系。

《洛神赋图》（宋摹本）是依据诗人曹植的文学创作而画成的，反映了顾恺之创作题材的扩大。绘画以故事的发展为线索，分段将人物及情节置于自然山川的环境中展开描绘。画中的洛神含情脉脉，若往若还，表达出一种可望而不可及的惆怅情意，体现了顾恺之概括为"悟对通神"的艺术主张。

后人对顾恺之的画法和风格论述颇多。唐人张彦远在《历代名画记》中说："顾恺之之迹，紧劲联绵，循环超忽，调格逸易，风趋电疾"，元人汤垕在《画鉴》中形容顾恺之用笔"如春云浮空，流水行地"，"傅染人物容貌，以浓色微加点缀，不求薄饰"。他在画法上师承卫协精细一体，开创后世"密体"一派，表现了魏晋之际绘画艺术的时代特征。顾恺之的绘画理论和创作实践代表了魏晋南北朝绘画艺术的最高成就。

王珣写《伯远帖》

王珣的书法笔致清秀，潇洒古澹，传世墨迹有《伯远帖》，此帖纸本，行书，纵25.1厘米，宽17.2厘米。书法特色、时代风格尤为突出，它凝结了王珣一生对书法艺术追求的主要成就。

王珣（350年—401年），东晋书法家，王导之孙，王羲之从侄。王氏三世以能书见称于世，家学渊源，以词瀚为时宗师。王珣不但文词书法称绝，而且品德高尚。

《伯远帖》是王珣的一封书函，该帖用笔削

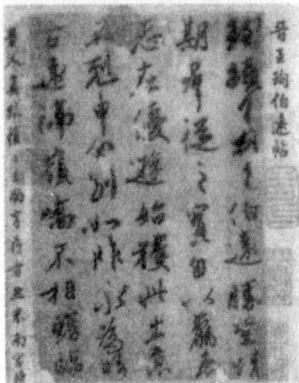

王珣《伯远帖》

劲挺拔，锋棱毕现，结体疏而宽，个别处相当严密。后人"宽可跑马，密不通风"之说，于此可找到具体例证。书势微向左倾斜，为的是取得险峻端庄的艺术效果，是他独具的特色。竖划顺笔下垂，无往不收；转折处信笔出之，有方有圆。结体在扁长之间，个别字如"胜、实、获、群"等，在羲之父子帖中可以找到他们的共同之点。

原帖曾刻入《淳化阁帖》，后代累有翻刻，《三希堂帖》凭原作钩勒上石，仅得原作形式，至于运笔之转折顿挫，墨色之深浅灵活，再精的刻本都无法反映出来。

王珣《伯远帖》今仅存一卷海内孤本。它被列入"三希"之一，竟成为"三希"中唯一的晋人真迹。

郑道昭代表北魏书法

中国北魏书法家郑道昭所书《郑文公碑》，结字宽博，笔力雄强，兼有隶意，堪为北魏书法之代表。

郑道昭所书《郑文公碑》下碑

郑道昭（？—516年）字僖伯，自称中岳先生，北魏荥阳（今河南开封）人。幼时好学，博览群书，好为诗赋。官至秘书郎、侍郎秘书丞、光州刺史等。擅长书法，但不甚有名。至清代中叶，在山东云峰山等处发现许多石刻，清人包世臣、吴熙载等认为出自郑道昭之手笔，十分推崇，遂成为后人学习北魏书法的范本。

郑道昭的代表作为《郑文公碑》。

郑文公即其父郑羲，字幼骐。碑刻有两处，称上碑和下碑。上碑位于山东平度县天柱山，20行，每行50字，共1000字；下碑位于山东掖县云峰山，51行，每行29字，共1479字。两碑均属摩崖刻石，同刻于北魏永平四年（511年）。下碑字迹较上碑稍大，又较明晰完好，字势锋藏有迹可寻，尤为行家所重。郑氏书法别具一格，具有运笔舒畅、方圆兼用、字字安适之特点。这是郑氏融合篆书的婉转流畅、隶书的精密宽博、草书的点画圆转等优点，长期勤学苦练而逐步形成的。郑道昭书法，除《郑文公碑》外，较著名的还有《论经书诗》，其书法瘦劲俊丽，字体雄浑深厚，颇具功力。郑道昭之子郑述祖亦为书

郑道昭撰论经书诗

法家，其自撰并书《重登云峰山记》，为隶书，字体方整，书法遒劲雄厚，自成一体。

　　郑道昭书法代表北魏书体，在中国书法艺术宝库中占有一席之地。

陆探微影响南齐画风

　　陆探微是南朝宋齐年间著名画家，吴（今江苏苏州）人，约卒于485年。他的画风对南齐画坛产生过一定影响。

　　陆探微擅长画人物肖像、飞禽走兽、佛教图像等。宋明帝时曾任侍从，为明帝和宫廷贵族、功臣名士画像。他师承顾恺之，画风细腻，线条笔迹周密，变顾恺之的高古游丝描为笔迹劲利细致的线描，并参考气脉通连的草书，

创造了他独有的风格。他还受东汉书法家张芝一笔书的启示，创造出线条笔画连绵不断的一笔画。另外，他还创造了一种被称为"秀骨清像"的造型风格，即在塑造人物形象时，于眉清目秀中显出神采生动、自然洒脱、和蔼可亲的神韵，这是对崇尚玄学、重清谈的六朝名士形象的生动概括，具有时代特征，和顾恺之并称为"顾陆"，名噪一时。

陆探微作品很多，唐代甘露寺壁保存了他的画迹，隋代多他的时人肖像传摹本，其中有类似《女史箴图》的《服乘箴图》。张彦远《历代名画记》著录中有帝王、功臣、名士、道释人物像70余件，今已失传。善桥南朝墓砖画多为南齐所作，自宋人齐的陆探微对南齐画风影响极大，《竹林七贤与荣启期》反映了高超的造诣，八人虽皆取坐姿，并同属"秀骨清像"，但气质神情互不相同，绵密紧劲的运笔体现了陆探微的画风。与顾恺之的作品相比，也许在人物内心刻画上略有不足，但画法无疑是一脉相承的，而且大有由精转密的特点。此画与墓中其他砖画一起，描绘出一个丰富的艺术世界，造型无不生动准确，线条无不繁密流行，在内容与形式的完美统一中达到了历代文献中称述的陆探微时代的水平。

南朝战马画像砖 马童修长清瘦，神态飘逸；马匹的造型亦一改汉代的雄壮而显得瘦削洒脱。画砖为模制，由于作者注意了人物与马的前后交叠以及马体的结构起伏，具有立体效果。砖面涂彩，两位马童脸赤红色。前马黑色罩以白甲，马背上部喇叭状物为粉绿色，后马为紫红色。

谢赫著《画品》

大约南朝梁武帝之时，谢赫著成《画品》一书。谢赫，生卒年不详。南朝齐、梁人，生平事迹不可考。擅长绘画，尤善人物肖像。具有很强的默画能力，只需看一眼便能操笔作画。所绘当时贵族仕女，不囿于成规，具有一定的创新精神。由于谢赫著作了《画品》，他更以绘画理论家而享誉后世。

《画品》开宗明义阐明该书的宗旨在品评画家艺术之高下，又提出绘画的社会功能为使人为善、促人上进及记载历史事物。特别提出"画有六法"，即气韵生动、骨法用笔、应物象形、随类赋彩、经营位置及传移模写（亦作传模移写）。并用此六法作为衡量画家艺术水平的标准，对上至三国

北朝武士壁画。左手执仪刀，作守卫状。画面用墨色线条勾画轮廓，用红色晕染人物面部和衣服边缘及起褶处，以增加人物的立体感。

下迄当时的古今画家27人的艺术优劣高下进行品评，按其优劣分别纳入六品。

谢赫的六法标准与所评的六品之间存在着内在联系，并彼此互相对应。第一品为最高评价，那些达到"六法尽该"、"六法尽善"的画家（如陆探微、卫协等）列入此品。但他把特别以气韵生动见长的画家（如张墨、荀勖）亦列于第一品；第六品评价最低，那些在六法中显示不出任何特长的画家（如

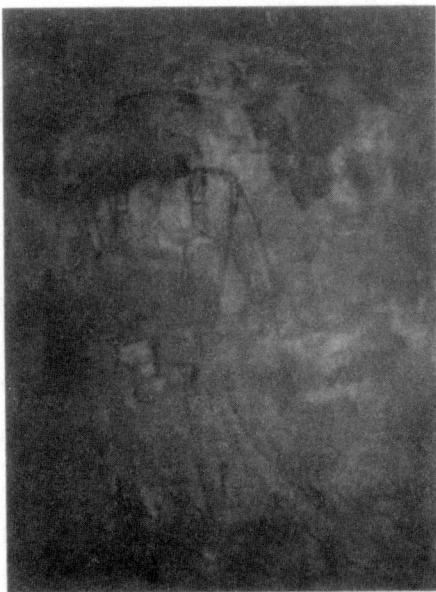

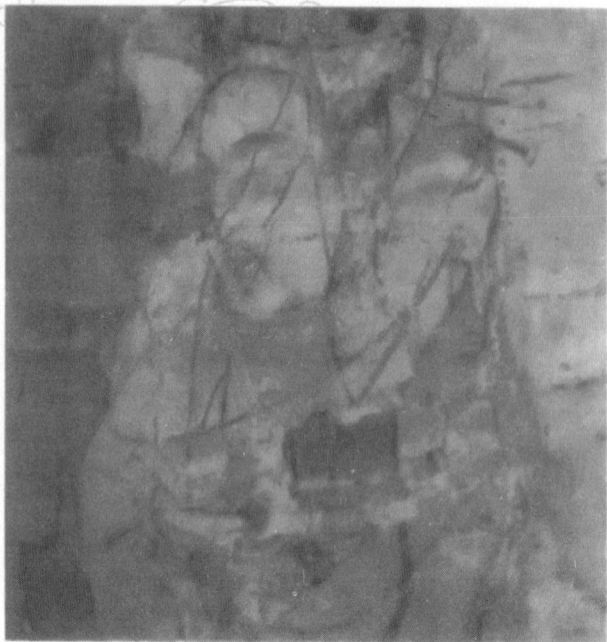

北朝门卫壁画。此门卫头戴漆纱笼冠，簪貂，著浅色宽袖衫，长须飘逸，形貌清秀文静。体现了北朝肖像画的卓越水平，极珍贵。

宗炳）列入此品；对大多数画家在六法中虽未取得全面成就但却各有所长的，则分别定品，把以骨法用笔见长的画家（如陆绥等）列入第二品；把长于经营位置的画家（如毛惠远、吴暕等）归入第三品；把以传移模写见长者（如刘绍祖）列于第五品。

谢赫根据自己亲见的作品，列名品评三国至齐梁间的27位画家，对他们的题材、技法、师承关系、艺术风格等加以评论，大体是实事求是的，但对其中部分画家的品评有失偏颇，如将顾恺之列入第三品，把宗炳列入第六品，引起后世画品家的非议。继《画品》之后，历代画品著述不断，如梁、隋姚最《续画品》、唐代彦琮《后画录》等，都程度不同地受到此书的启发。谢赫首倡的六法论，也为历代画品家所沿用，并逐渐推广，应用到山水、花鸟等画科，成为绘画的总法则和代名词。但后世对六法的内容和排列次序有所改变，尤其对"气韵生动"，所论每多玄虚，有失谢赫本旨。

《画品》是中国现存最早的一部完整地评论画家艺术的绘画理论著作。书中所倡六法，全面地概括了绘画批评的艺术标准，完整地确立了绘画创作的艺术规范，是绘画美学思想的优秀遗产，对后世影响深远。《画品》也为中国古代绘画史保存了大量宝贵的资料。

萧绎作《职贡图》

梁元帝萧绎（508年—554年）任荆州刺史时于大同六年前后所作的《职贡图》，真实地描绘了当时外族的人物形象与风土人情，在艺术史上具有重要的价值。此图又称《蕃客入朝图》，原绘自25位使者，现传的北宋摹本已残损，仅存使者12人，即滑国、波斯、百济、龟兹、倭国、狼牙修、邓至、周古柯、呵跋檀、胡密丹、白题、末国的使者。每一使者像后有一简短题记，记述这个国家与地区的概况及历来交流的史实。图中人物的形态描绘相当准确精妙，并通过不同地区人物各异的服饰装束、颜面肤色、举止形态表现出人物不同的气质、性格和情态。如滑国使者表现了西北民族的特征；狼牙修使者另具一种热带气息；倭国使者身上透露出岛国风情。这张画最重要的成就在于人物面貌的刻画各有千秋，使者们有的文静、秀弱，有的朴质、豪爽，各有显著的性格和地域特征。而不同的人物又都有作为使者的喜悦和恭敬的表情，表现出作者艺术手法上的多样性和统一性。

宋摹本梁萧绎《职贡图卷》

萧绎称帝

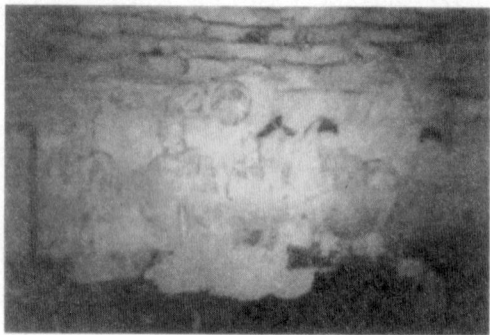

北齐车马人物壁画

萧绎（508年—554年），字世诚，梁武帝萧衍第七子，盲一目，少聪颖，好文学，善五言诗，博览群书，能通佛典，但性矫饰，多猜忌，初封湘东郡王。后任侍中、丹阳尹，普通七年（526年）出任荆州刺史，都督荆、湘、郢、益、宁、南梁六州诸军事，控制长江中上游。太清二年（548年），侯景叛梁围建康，梁援军自四方至者达二三十万人，而握有实力雄厚的荆州军的萧绎，仅派其子萧方等率步骑万人往救，后迫于舆论压力，又派大将王僧辩率舟师万人增援。台城陷落后，六兄萧纶在郢州（今湖北武昌）被推为中流盟主——都督中外诸军事，将讨侯景。萧绎却派王僧辩率水军万人进逼郢州，纶军溃散，纶逃至汉东，后被西魏擒杀。自大宝二年（551年），荆州军在王僧辩、陈霸先率领下屡胜侯景。三年，收复建康，平定侯景之乱，然后，入城后荆州军不但将萧栋兄弟三人沉水溺死，且纵兵蹂掠，浩劫建康。十一月，萧绎于江陵称帝，改元承圣，是为世祖元皇帝。此时，江北诸郡，多被东魏侵占，梁、益二州已并入西魏，雍州一镇也沦为西魏附庸，江陵政权诏令所行，千里而已，民户不满三万。

承圣二年（553年），元帝先平定据有长沙的湘州长史陆纳，后又邀西魏出兵攻蜀，斩杀举兵东下的梁武帝第八子萧纪于巫峡口。绎称帝后，朝中以王褒、周弘正为首的世家大族主张还都建康，否则与列国诸王无异；而以宗懔、黄罗汉为首的荆州军将却主张定都江陵。绎终决定定都江陵。

承圣三年（554年）九月，已经取得梁、益，进而凯觎江汉地区的西魏宇文泰命于谨、宇文护率步骑五万南侵，又得襄阳萧察助战，十一月江陵城陷，萧绎被执处死。西魏将城中百姓十余万口驱归关中，以萧察为梁王，使守江陵空城，次年，绎子方智在建梁称帝。

庾肩吾卒

庾肩吾（487年—553年），字子慎，南阳新野人，梁朝文学家。初为晋安王国常侍，多次随同晋安王萧纲迁镇而同迁转。由于萧纲雅好文学、招纳文士，庾肩吾与徐摛、刘孝成等同被赏接，号为"高斋学士"。等到纲成为皇太子时，开文德省，庾肩

天龙山东峰第一至二窟，为东魏高欢摄政时期开凿。图为天龙山东峰第八窟坐佛及左胁侍像。

吾选充学士于省中。萧纲继位（简文帝）后，任度支尚书，侯景占据建康台，矫诏遣肩吾使江州招降萧大心，乘机逃至会稽，转赴江陵，投奔萧绎。承圣二年（553年）年，封武康县侯。庾肩吾以书法名世，著有《书品》，叙述书法源流演变，以九品分别历代书家次第，评论各自特色，颇受后人重视，庾肩吾历任萧纲府中属官，当时宫体诗盛行，为推波助澜者之一。现存诗文，多为应制、奉和、侍宴、谢启一类应酬之作。由于讲究声律，所作部分五言诗已具备五言律诗雏形。

画家阎毗入隋

隋代白陶女舞俑。白陶上施加透明釉的作法始见于隋代

阎毗，榆林盛乐（今内蒙古和林格尔）人，居住在雍州万年（今陕西西安）。北周上柱国宁州刺史阎庆之子。581年，因为北周灭亡，上柱国归附隋。

阎毗7岁时便继承爵位任石保县公，周武帝时期被选为附马，娶清郡公主为妻。阎毗喜爱研读经典史学丛书，并熟悉写作技艺，又善于书法绘画，尤其是草书、隶书两种体例的书法十分娴熟。隋文帝对他的才华很是赞赏，并授予他车骑将军的称号。

隋炀帝时期，阎毗接受命令修建辇辂，绘制工程图样，画笔精妙异常，在维修和构图过程中，善于在吸取传统经验的基础上加以创新、改进。由于他竭尽全力地效忠隋朝，因此官至朝散大夫、将作少监，并主持修筑长城，开挖运河等工程。

阎毗在一次跟随隋炀帝征战辽东的路途中去世，享年50岁。他的儿子阎立德和阎立本都是初唐时期的大画家。

智永书法承前启后

隋代南北统一，书法呈现碑帖合流的趋势。东晋"二王"书风，由陈入隋，上下风范，初成规矩。隋代短短的37年，奠定了书法史上"上承六代，下启三唐"的重要地位。智永是这一时期承前启后的书法家之一。

智永，南朝陈国僧人，书法家，名法极，俗姓王氏。他是王羲之的七世孙，俗号永禅师。《述书赋》载其住绍兴永欣寺。他学书30年，秃笔成冢。书以王羲之为师法，笔

真草千字文（陕刻本）

力纵横，真草兼备，绰有祖风。他隋时书名卓著，据说当时求字者络绎不绝，将他居户门槛踏损，后用铁皮包门槛，人称"铁门限"。

智永曾手写《真草千字文》800余本，分送浙东诸寺。今传墨迹在唐时被日本遣唐使和长安的归化僧视作王羲之遗墨搜之东渡，现由京都小川为次郎收藏，是智永传世的唯一真迹，对了解隋代的书法成就，弥足珍贵。这件墨迹《千文》得王派书法神韵，"真则圆劲古雅，草则丰美匀适"（万寿国《宋拓薛刻本千文题跋》）。其书风正如苏轼所说"精能之至，返照疏淡"。唐代书法家虞世南真草脱形于智永《千文》，智永本人则为这一时期承前启后的关键人物。

中国文字的发展规律是："由简到繁，由繁到简"。从甲骨文、金文发展到大篆，是由简到繁；由大篆到小篆，到隶书、楷书、行书，是由繁到简。智永对中国书法史上所作的重大贡献，就是从古代有隶书笔意的方笔逐步使

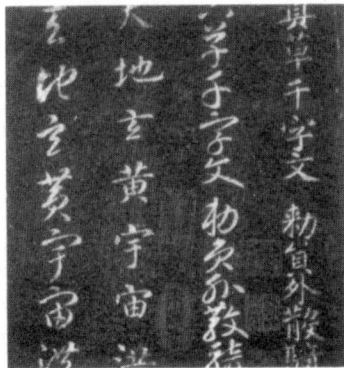

释智永真草千字文

用了楷书的圆笔，弘扬了"永"字八法，把唐代楷书的基本笔划肯定了下来，使当时民间酝酿已久的书法改革迈进了一大步。

永字八法，是阐述正楷点画用笔的一种方法，其来源旧有张旭说（见《墨池编》）及智永说（见《书苑菁华》）。客观地说，永字八法，应该是智永创始于前，张旭弘扬于后。张旭自己说："自智永禅师过江，楷法随渡。永惮师乃羲、献之孙，得其家法，以授虞世南，虞传陆柬之，陆传其子彦远。彦远，仆之堂舅以授余。"（见《张旭书艺》）《翰林禁经》谓："智永发其旭趣。"由此可见，智永的书法艺术奠定了楷书"永字八法"的基础，在中国书法发展史的大交响曲中，奏出了不可磨灭的序曲。

展子虔发展山水画

展子虔，生卒年不详，渤海（今山东省）人。约活动于6世纪后半叶，历北齐、北周，在隋任朝散大夫、帐内都督等职。擅长绘画，创作范围广泛，善画台阁、人物、鞍马、佛道、车舆、宫苑、翎毛、历史故实等。其足迹遍及大江南北，在洛阳、西安、扬州及浙江等地的寺观中作菩萨等壁画。所画物象，生动而富有情趣，颇为时人所重，与其时另一名画家董伯仁齐名，有"董展"之称。展绘画善于创新，人物描法甚细，以色晕开面，善用紧密的线条，把所绘对象的性格特征和神态面貌表现得栩栩如生，为唐代人物画法开辟途径。画马注重描绘马的动态，所绘之马立者有走势，卧者则腹有起跃势。

展子虔影响最大的为山水画，传世《游春图》是现存古代山水画的重要作品，也是迄今所保存的最早的卷轴山水画。现藏故宫博物院，画长80.5厘米，宽43厘米，绢本，青绿设色，卷前题鉴为宋徽宗赵佶手书"展子虔游春图"。面面上，阳春三月、绿树红花、青山水碧的郊野中，贵族、仕女泛舟骑马，踏青赏春，景色极为优美。展子虔通过圆劲的线条和浓丽的青绿色彩描绘了上述图景。在画面的空间处理上，改变了过去人大于山、水不容泛、林不排列的比例失调状况，尤其在描绘湖水微波、广阔深远方面，颇为成功。在表现技法上，先把山川屋宇的轮廓用墨线勾出，再填敷青绿色彩，然后用深色重加勾勒。树木、人物则直接用色点出，虽然形体较小，但亦生动有致。画面整体色彩典雅，富于装饰感。

展子虔在山水画上所达到的成就及绘画方法，为唐画家李思训父子所取法，后世誉为唐画之祖。

隋展子虔《游春图》。此图卷历来被视为中国山水画发展中一幅划时代的作品。卷长80.5厘米，高43厘米。画中春山平湖，游骑游艇，花树繁密，以山水作为构图的本体，人马、山树比例适宜，花草服饰随类敷彩，呈现富丽典雅的古拙美。这种画法，至唐代发展为青绿山水画法。

虞世南去世

虞世南《汝南公主墓志》

虞世南（558年—638年），字伯施，越州余（馀）姚（今浙江省）人。官至秘书监，封永兴县丞，世称虞永兴。唐初文学家、书法家。他博学善长文词，尤工书法。书法亲承王羲之七代孙僧智永传授，继承二王（王羲之、王献之）之书法传统，笔致外柔内刚，圆融遒丽，与欧阳询、褚遂良、薛稷并称初唐四大书法家，有碑帖《孔子庙碑》传世。此外，虞世南在任隋秘书郎时，编有《北堂书钞》，共160卷，摘录群书名言隽句，供当时作文采撷词藻之用，分类编排，共852类。虞世南于唐贞观十二年（638年）末卒。

阎立本丹青神化

阎立本（？—773年），初唐杰出的工艺家与人物画家。初为秦王府库直，626年，受命画《秦府十八学士图》，贞观十七年（643年），又应诏画《凌烟阁功臣二十四人图》。另外，他还作有《西域图》、《永徽朝臣图》、《步辇图》及《历代帝王图》。他继承家学，尤其擅长绘画，他的画笔线条圆转流畅，疏畅坚实，色彩渲染浓重凉净，富有韵律感，构图比例和谐，技法纯熟，

唐阎立本《步辇图》。作品以贞观十五年（641
年）吐蕃首领松赞干布与文成公主联姻的历史事件
为题材，描绘唐太宗李世民接见来迎娶文成公主的
吐蕃使臣禄东赞的情景。李世民端坐在宫女抬着的
"步辇"（此图即以此为名）上，禄东赞和朝臣内侍
站立一旁。不同人物的身份、气质、仪态和相互关
系，在画家的笔端得到了适当的反映。作者以细劲
的线条塑造人物形象，具有肖像画的特征。线条流
利纯熟富有表现力。色彩浓重、鲜艳而又和谐沉着。
这是一件具有重要历史价值和艺术价值的作品。

阎立本《伏羲女娲图》

刻画入微。他常常配合当时政治上的重大事件来进行创作，以他敏锐的目光，
纯熟的技法，留下了具有深远历史意义的一瞬间。他的画尤以《步辇图》和
《历代帝王图》备受后人推崇。

《步辇图》描绘的是贞观十五年（641 年）唐太宗把文成公主嫁给吐蕃王
松赞干布，松赞干布派使者禄东赞来大唐迎公主受到太宗接见的历史事件。
《历代帝王图》描绘了西汉至隋的十三个帝王像，创作主旨是为了"戒恶思
贤"。从画面可以看出，阎立本非常注意整幅图画中人物的比例，避免孤立脱
节，有重点有分寸地刻画了不同人物在特定场合中的各种动作、表情、心理
状态。他笔下人物形象丰满，骨肉匀称，善于选用特征性情节，注意刻画人
物面部五官的不同。除了在长卷限制的构图上寻求一些变化外，他一般还着
力于刻画人物个性的差异。如在《历代帝王图》中，他根据帝王们各自特点
和对其功过的"正统"评价，对其个性特点加以表现，并将自己的褒贬融诸
于笔端。但是画家又非常注意在表达自己的褒贬观时从写实出发，重在内心
状态的刻画而不是流于表面形象的漫画化或过分夸张，显得含蓄精妙。阎立

本的人物画在吸取前人丰富经验的基础上，将秦汉的纯朴豪放与魏晋的含蓄隽永融合在一起，使我国人物画进入一个精湛瑰丽的新时期。唐代评论家认为阎立本的画"六法该备，万像不失"，"像人之妙，号为中兴"。他的丹青对后世影响颇大，他是开一代画风的划时代人物。他的画体现了他的艺术风格和政治素质，使他成为初唐最具代表性的著名画家。后人称赞他"兼能书画，朝廷号为丹青神化"。

欧氏父子创欧体字

中国唐代著名书法家欧阳询（557年—641年）精通书法，尤擅楷书，学二王（王羲之、王献之），劲险刻厉，于平正中见险绝，自成面目，创立"欧体"字，至后世影响极其深远。其子欧阳通，继承家学。欧阳父子均声著书坛，被称为"大小欧"。

欧阳询，字信本，潭州临湘（今湖南省长沙市）人，在隋代时书法就很有名，唐代时历任太子率更令，故欧字也被称为"率更体"。他和虞世南、褚遂良、薛稷并称为唐初四大书法家。

欧阳询《梦奠帖》

欧阳询由隋入唐，将二王书风带入唐代。他的书法远承魏晋，在六朝朴茂峻整的基础上创造了自己的风格，他初学王羲之，后书体渐变，笔力险劲，成为一时之绝。

他用笔古左隶出，凝重沉着，转折干净利落；结体紧结，方正浑穆，有一种极为森严的气度，在雍容大度中，又有险劲之趣。

欧阳询《九成宫碑》　　欧阳通《道因法师碑》

欧阳询的墨迹，取王羲之法则，又行以隶法，晚年字形修长，笔势见方，有《梦奠帖》和行书《千字文》等。其中《梦奠帖》结体富于变化，最能表现欧书劲险刻厉、矛戟森列的特色。《史事帖》是他晚年力作，书体笔意近《兰亭序》，深得二王风气，被后人评为"欧行书第一文"。欧阳询传世碑刻有：《九成宫醴泉铭》、《皇甫诞碑》、《化度寺邕禅师塔铭》、《虞恭公温彦博碑》。其隶书碑刻有《房彦谦碑》等，其中《九成宫醴泉铭》高华庄重，法度森严，用笔刚劲，纤浓得中，寓险峭于平正之中，成为学习书法的楷模。《化度寺邕禅师塔铭》书法静穆浑厚，严密秀腴，在精整险劲中别具风貌，是欧阳询晚年得意之作。

欧阳询之子欧阳通，继承文学，自幼临习父亲遗墨，深得嫡传，其险劲横逸甚至超过父亲。他的《道因法师碑》，隶意更浓，但锋颖过露，含蓄处不及其父，更缺少其父那种方正严穆、雍容大度的风貌。

欧氏父子所创的欧体字，凝重沉着，方正端严，劲险刻厉。张怀瓘《书断》说他"八体尽能，笔力险劲，篆体尤精……真行之书别成一体，……其草书迭荡流通，视之二王，可为动色"。《宜和书谱》则列欧阳询为翰墨之冠。欧体字声名当时已远播国外，对后世影响更是深远，历代科举取任即以欧体字为考卷的标准字体，学书者也多以此为楷书入门的最佳范本。

褚遂良集唐初书法大成

褚遂良（596年—658年）是唐代著名书法家，他是继二王、欧、虞之后又一位传世大家。他的书法别开生面，变化多姿，集隋唐之际书风之大成，与欧阳询、虞世南、薛稷合称初唐书法四家。

唐代书法艺术继隋之后，真草步入规范化发展的轨道。由于统治者的提倡和爱好，政府置书学、设书学博士，吏部选官"必限书判"。在这样的情况下，有唐一代工书者甚众，书法名家辈出，褚遂良是其中著名的一位。

褚遂良字登善，钱塘人。父亲褚亮在唐太宗时任文学馆学士，与当时著名书法家欧阳询、虞世南是朋友。褚遂良曾任起居郎、太子宾客、黄门侍郎，最后拜中书令。后因反对高宗立武则天为后，被贬至死。

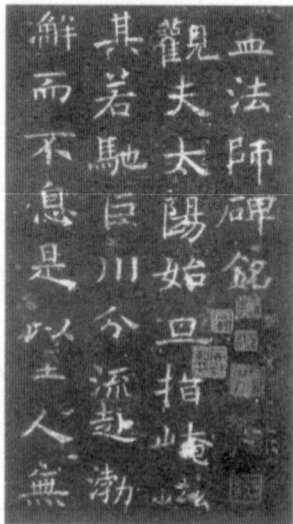

褚遂良《孟法师碑》

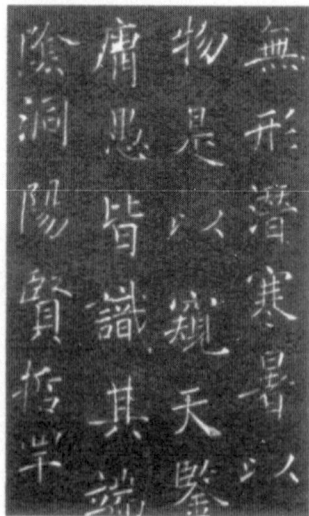

褚遂良《雁塔圣教序碑》

褚遂良的书法在欧、虞之后独树一帜。他学习前辈各家各派书风，融会贯通，自成一家。被时人评为"字里金生，行间玉润，法则温雅，美丽多方"。他对王羲之书法有极深的研究。贞观十二年（638年），虞世南去世，唐太宗无人论书，魏征推荐他为太宗搜集整理二王书法，著成《右军书目》。他的书法前期古朴方整、结体宽博，带有浓厚的六朝遗风，且受隶书影响，以《伊阙佛龛碑》和《孟法师碑》为代表。后期则发生较大变化，创造了绰约婀娜、遒逸婉媚的风格，代表作是《雁塔圣教序碑》。《孟法师碑》立于贞观十六年（642年），碑已不存，唐拓孤本存于日本，李宗翰认为此碑"遒丽处似

褚遂良《伊阙佛龛碑》。碑为褚遂良46岁时力作，字划奇伟，结体雄浑与秀逸兼备，宽博方整，变化自然。

虞，端劲处似欧，而运以公隶遗法，风规振六代之余，高古近二王以上"，评价极高，指出他的书风融合各家优势，独创一格。《书概》也评他的《伊阙佛龛碑》"兼有欧虞之胜"，米芾《续书评》认为他的《雁塔圣教序碑》"别有一种骄色"，这些评价高度赞扬褚遂良的书法成就，特别指出他集隋唐书家之大成，自成面貌。

褚遂良书风融汇钟繇、王羲之、欧阳询、虞世南各家之长，一时风靡天下，"陶铸有唐一代"，其影响深远，经久不衰，成为一代书法大师。

孙过庭写《书谱》

唐垂拱三年（687年），孙过庭撰成《书谱》。

孙过庭（646年—691年），字虔礼，陈留（今河南省开封市，自署为吴郡，故或作浙江富阳）人。曾官卫胄参军、率府录事参军。博学文雅，擅长文辞。陈子昂所作墓志铭谓其才华并茂，胸有大志。但其生平不甚得志。孙过庭工楷、行、草3种书体，尤以草书见长。宋米芾认为其草书深得王羲之、王献之的真传，笔势劲坚，摹写得惟妙惟肖，几能乱真，对后世影响甚大。但亦存在着落笔过于急速、千纸一类、一字万同、拙于变化的不足之处。传有《千字文》为其所作。

《书谱》是一部书、文并茂的书法理论著作。其墨迹可为孙过庭书法之代表作。《书谱序》又名《运笔论》，从宋人题鉴可知，它只是一篇序文。

内容分为溯源流、辨书体、评名迹、述笔法、诫学者和伤知音6个部分。阐述正、草二体书法，文思缜密，言简意赅，见解精辟。书中很多论点，如学书三阶段说、创作中的五乖五合说等，在中国古代书法理论史上占要重要地位，迄今为学书者所乐道。

孙过庭《书谱》。《书谱》是唐代著名书法理论著作，非但议论精辟，而且通篇以草书书写，笔法流动，二王以后自成大宗。

李思训画山水

李思训（651年—718年）字建，是唐朝宗室，擅长山水画。历武后、中宗，至玄宗李隆基时，官至左武卫大将军之职，所以也称大李将军。《唐书·李叔良传》记述："思训尤善丹青，迄今绘事者推李将军山水。"《历代名画记》也称他"早以艺称于当时，一家五人，并善丹青。世咸重之，书画称一时之妙"。"思训子昭道，……变父之势，妙又过之。官至太子中舍。创海图之妙。世上言山水者，称大李将军、小李将军。昭道虽不至将军，俗因其父呼之。"李思训、李昭道父子继承展子虔、郑法士"细密精致而臻丽"的风格，使青绿山水趋于成熟。他们已能比较真实地描绘山川景色，并能通过致密的刻画，构拟动人的意境。唐代诗人牟融在《题李思训山水》诗中记述思训所画山水景色说："卜筑藏修地自偏，尊前诗酒集群贤。丰岩松暝时藏鹤，一枕秋声夜听泉。风月漫劳酬逸必，渔樵随处度流年。南州人物依然在，山水幽居胜辋川。"使诗人触景生情的是画中所呈现的景物。松林、清泉、渔樵、幽居所构成的平远山川，表达了当时士大夫所追求的意趣。

台北故宫博物院收藏的《江帆楼阁图》，传为李思训所作，图中江流空阔浩渺，风帆飘举。画以细笔描绘山石外廓，长线勾勒峰恋结构，略作皴斫，布以青绿重色。与展子虔《游春图》相

传李思训作《江帆楼阁图》

比，另有一种雄浑渺远的气势。传为李昭道的《明皇幸蜀图》（台北故宫博物院藏），画面奇峰突兀，白云缭绕，山石勾勒无皴，青绿设色。虽为宋人传摹，与李氏画风相近。

李仙惠墓壁画已显盛唐气象

永泰公主墓女侍壁画。画面构图生动，线条劲健流畅，服饰略施晕染，宫女性格鲜明，是唐墓壁画中的精品

李仙蕙墓壁画画像大小与真人相近，形态生动，富有神韵，线描气脉连贯，流畅浑圆，丝毫没有呆滞之感，已显示盛唐气象。

墓主李仙蕙即永泰公主，唐中宗李显之女，字秾辉，嫁武延基为妻，大足元年（701年），17岁时去世。中宗神龙二年（706年），与其夫合葬于乾陵。墓址位于今陕西省乾县北原。

该墓葬分墓道、天井、过洞、甬道、墓室5个部分，全长87.5米。壁画分布在墓道、过洞、甬道和墓室。墓道壁画分东、西两壁，内容为武士仪仗队、青龙、白虎、阙楼城墙、山水、树木。其中武士仪仗队分5组，每组6人、6载架、2匹马，马伏2人，威武雄壮，是墓主生前仪卫的写照。过洞有5个，1、2、3洞绘有宝相花平棋图案；4、5洞绘有云鹤和宝相花平棋图案。甬道分前、后甬道，壁上绘有人物、花草、假山和红珊瑚，顶上绘有平棋图案和云鹤。墓室由前、后墓室组成。前墓室顶部绘有星象图，东壁有侍女图2幅；南侧有侍女9人，手持玉盘、方盒、烛台、扇、高足杯、拂尘、包裹等，表现了墓主生前的奢华生活；北侧绘有手持小盒、烛台等物之侍女7人；北壁东、西侧各有侍女2人；西壁有侍女9人。后墓室绘有男侍和女侍，顶部为星象图。此墓壁画的精妙之作为侍女图，她们虽有队列，但却高低错落，疏密有致，左顾右盼；微笑者有之，沉思者有之，把一群聪明活泼、天真烂漫、美丽可爱的少女描绘得栩栩如生、呼之欲出。

李仙蕙墓壁画为陕西唐墓壁画精品，接近盛唐绘画风貌，在中国古代壁画史上占有重要地位。

张旭善狂草

张旭，唐书法家。字伯高，吴郡（江苏苏州）人。工书，精通楷法，草书最为知名，逸势奇状，连绵回绕，具有新风格。

继二王今草血脉，初唐草书一直处在酝酿蓄积阶段，欧、虞、褚、薛诸家虽以楷书名世，同时也有行草佳作，孙过庭师法二王，所著《书谱》，亲笔草书文稿，笔势坚劲流畅，墨法清润，所谓"千字一类，一字万同"，已表现

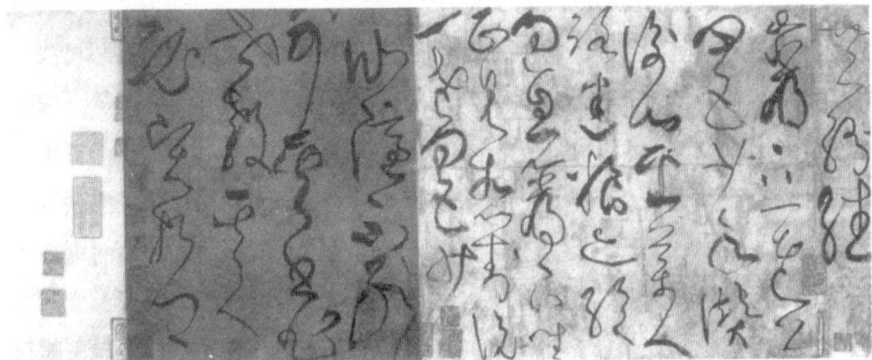

唐张旭《古诗四帖》（部分）。此卷是张旭以五色彩笺草书古诗四首，前两首书写的是梁庾信的《步虚词》，后两首是谢灵运的《王子晋赞》和《岩下一老公和四五少年赞》。此卷书法气势奔放纵逸，笔划连绵不断，且字形变化丰富。

唐张旭《郎官石记序》。为张旭传世的唯一楷书作品。

出唐草新意。活动于开元年间的大书法家张旭在今草基础上发展而为狂草，怪怪奇奇，超出王氏畦畛之外，与张芝、王羲之同为后世草书楷模。诗人杜甫《饮中八仙歌》称"张旭三怀草圣传，脱帽露顶王公前，挥毫落纸如云烟"。传说他作草书从担夫争道、鼓乐吹唱中感悟笔意，"又观公孙大娘舞剑器，然后得其神"，故他的草书融铸心灵慧悟和对自然万物的体验，极富创造性，所谓"变动犹鬼神，不可端倪"。宋宣和内府收有张旭狂草《古诗四帖》五色戕一卷，原著录置为谢灵运名下。明董其昌加以考辨，鉴定于张旭草书真迹，为海内孤本，尤为珍贵，今藏辽宁省博物馆。张氏草书还有西安碑林的《肚痛帖》。类似张氏的狂草风格，今在敦煌103窟盛唐维摩诘像壁上发现有狂草书屏，可以得知张氏狂草书风在盛唐时期已经相当流行。

张旭以"草圣"名世，兼能楷书。《广川书跋》称他的楷书"备尽楷法，隐约深严，筋脉结密，毫发不失，乃知楷法之严如此。夫守法者至严，则出乎法度者至纵"。上海博物馆藏拓本《郎官石记序》是张旭传世的楷书孤本，原石久佚，全篇楷书疏朗淳雅，凝重舒合，风格近似虞、褚。张氏书法，一人而二而，楷书"至严"，草书"至纵"，似乎不相调合，这其中的道理苏轼给予了形象的阐述："长史草书，颓然天成……今世称善草书者，或不能真行，此大妄也。真生行，行生草。真如立，行如行，草如走，未有未能行立而能走者也。"苏轼此话出自实践经验，可作张旭真草二体殊异的注解。

韩干画马

韩干是唐代画家，京兆人（今陕西西安），开元。天宝年间（742年—756年），十分活跃，负有盛名。他善画肖像、人物、道释、花竹，尤工鞍马。他重视写生，遍绘宫中及诸王府之名马。因为画马，他与当时画牛高手戴嵩，被并称为"韩马戴牛"。

韩干画马，神形毕肖。他初师曹霸，但又突破了曹霸、陈闳、韦偃等的程式，继承了汉代以来的优良绘画传统，而"古今独步"。他以真马为师，创作态度十分严谨，但也不是客观复制与再现。宋董在《广川画跋》中说："世传韩干凡作马，必考时日，面方位，然后定形、骨、毛色。"由此可见其认真创作的精神。他画的马比较肥壮，态度安详，这是因为

韩干《照夜白图》卷。"照夜白"是唐玄宗李隆基的坐骑，此图用笔简炼，线条纤细道劲，马身微加渲染，雄骏神态已表现出来。

他观察的是御马。他一改前人画马螭颈龙体，筋骨毕露、姿态飞腾的"龙马"作风，以精炼的写实技法，创造出富有盛唐时代气息的画马新风格。他注重比例准确，加强劲健感和力度运动，主要以匀细圆劲的线条描出马体，配以

渲染，产生色度变化，使画面传达出一种生命节奏。

　　同时代人和后人对他画的马赞赏备至。杜甫《画马赞》中说"韩干画马，毫端有神"，苏东坡《韩干马》中说"少陵韩墨无形画，韩干丹青不语诗"，正是对他最恰当的评价。韩干曾作《玉花骢图》、《照夜白图》、《牧马图》、《洗马图》、《八骏图》、《百马图》等，代表了唐代鞍马作品的风格。

　　韩干《牧马图》册。图中画黑白二马，一奚官虬髯戴幞头，手执缰缓行。此图线条纤细道劲，勾出马的健壮体形，黑马身配朱地花纹锦鞍，更显出其神采；人物衣纹疏密有致，结构严谨，用笔沉着，神采生动，纯是从写生中得来。

吴道子画名广播

吴道子（约686年—760年前后），后改名道玄，尊称吴生，阳翟（今河南禹县）人，少孤，生活贫寒，早年为民间画工，很快就熟谙画理。曾有5年担任低级官吏的生涯，后来浪迹东都洛阳，随张旭、贺知章等学习书法，最终成了专门画师，开元年间（713年—741年），被唐玄宗召入宫中担任宫廷画家。他以精湛的技艺和旺盛的创造力绘制了大量的宗教画、历史画和政治肖像画，以善绘人物、佛道、神鬼、山水、鸟兽、草木、台殿而著称于世，声名被广为传播。

活跃于国力强盛、经济繁荣的盛唐时期的吴道子，喜与文人名流交往，

《释迦降生图卷》。又名《送子天王图》，纸本，墨笔画，传为唐吴道子所画，或说是宋李公麟手笔。画中所绘释迦降生场面，具有鲜明的中国风格，表明佛教已融入中国文化之中。

又游历各地，在绘画上远师张僧繇，近法张孝师，早年绘画继承了六朝行笔流丽纤细的风范。唐代文学艺术的空前发展，中外文化交流，各艺术门类的沟通，为他的艺术才能的发挥提供了契机，通过广泛的学习，中年以后笔迹磊落逸势，高度成熟。

大型经变是唐代佛教壁画发展得最为完善、最有时代特点的绘画形式，从南北朝到唐代，已经历了长时间的发展变化，积累了许多绘画艺术技巧和经验，吴道子在此基础上，潜心研习，在洛阳、长安两地寺院绘制了300多堵宗教壁画，其《地狱变相》名噪一时，这些壁画具有各种不同的情境与气氛，塑造的形象异彩纷呈，天女、力士、菩萨惟妙惟肖，而且都是一些生命活力充沛的形象，创作才能和艺术技法达到了得心应手的阶段。由此，他的宗教画仪范被尊为"吴家样"而成为极为流行的艺术样式，他所创作的宗教画在当时和后代不断地被传摹。从现存的唐代壁画、石刻以及寺塔出土的唐宋佛教图卷中，可以探寻吴道子绘画的风貌。《渡海天王图》是属于"吴家样"风格的作品，天王孔武有神，侍从气势雄壮，整个画面具有统一的气氛与强烈的运动感，传说他"援笔图壁，飒然风起"，达到"天衣飞扬，满壁风动"的效果，技巧工致而色彩绚丽，在构思设计和形象塑造上显示了当时最高的艺术水平。

天宝年间，吴道子奉旨游蜀归来，在大同殿画出嘉陵江三百余里的旖旎风光，受到唐玄宗的极力赞赏。他还奉诏绘制了一些历史画和政治肖像画如《金桥图》。

在艺术上，吴道子富有创新精神，他用状如兰叶或莼菜条的笔法表现衣褶，圆转而有飘举之势，被称为"吴带当风"。他创立的白描画主要用笔和线型，洗练而疏阔，往往只一二笔，就已具像，后人将他和张僧繇合称为疏体画家以区别顾恺之和陆探微的"密体"。他善于通过墨线的肥瘦抑扬，表现出物像的运动感和量感，而且其人物造型重视眼神描写和夸张手法，避免了公式化。白描所用线条组织规律，描绘出了物体的凹凸面，阴阳面，收到了飘逸、柔软的艺术效果，较好地解决了"线"和"面"、"透视"与"角底"、阴面与阳面处理等矛盾。

吴道子被历代画家奉为不可超越的高峰，尊为"百代画圣"，在中国绘画史上地位无可企及。

他的《天王送子图》被视为"天下第一名画"（明泰昌元年张丑跋）。吴道子落笔雄劲，敷粉简淡，线条遒劲雄放，变化丰富，改变了高古游丝描的细笔，发展为线描的技法，表现出的物象富有运动感节奏感。吴道子对我国民间绘画艺术起了承先启后的作用，他的艺术标志着外来画风的结束，新的民族风格的确立。历代油漆彩绘工匠和塑像工匠也都奉他为祖师爷。

苏东坡说："诗至杜子美，文至韩退之，书至颜鲁公，画至吴道子，而古今之变，天下之事毕矣。"

唐《渡海天王图》。绢本设色。属"吴家样"风格的作品。描绘毗沙门天及随从眷属乘云渡海。毗沙门天为佛教护法四天王之一，亦称北方天王。图为天王戴华丽高冠，体态魁梧，身披皮甲，威风凛凛，右手持戟，左手有云气上升，云中出现一宝塔。这种武将为初唐以来流行的绘画形象。该画构图用笔与敦煌172窟壁画相近，尚存盛唐画风。

"周家样"派画仕女

以中唐画家周昉为代表的"周家样"是具有影响的一派绘画风格，和吴家样一起它们代表了同属于中原地区具有时代特色的两种风格。周家样派以中唐周昉为代表人物，其后有一批描绘宫苑人物的南唐画家。但周家样派实际还包括了初、盛唐一批以描绘贵族仕女生活的画家。其中知名的杰出艺术家如张萱和韩干，他们曾给周昉以很大的影响。

张萱及其以前的表现贵族妇女生活的作品，已逐渐形成"秾丽丰肥"的风格。他的代表作《捣练图》和《虢国夫人游春图》反映了当时的社会现实。人物间相互关系生动而自然，疏密有致，神情从容，仪容端丽。他既重视人物形象的塑造，又注意到富有情趣的细节，人物欢愉活跃。

周昉是继张萱之后以表现贵族妇女著称的画家。

周昉生卒年不详，出身贵族，字景玄又字仲郎，京兆（陕西省西安市）人。关于周昉，见于记录的最早活动时间是766—779年间，最后活动时间是785—804年间。他的仕女画初效张萱，后则小异，具有用笔秀润匀细，衣裳劲简，色彩柔丽，人物体态丰厚的特点。由于他生活在唐朝经过安史之乱后由盛而衰、社会矛盾日渐尖锐的时候，所以他笔下的妇女已不同于张萱作品中的一团欢愉之气。人物虽然装饰得花团锦簇，但掩饰不住内心的寂寞和空虚，仿佛沉湎在一种百无聊赖的心态中，茫然若失，动作迟缓。他的传世仕女图著名的作品有《纨扇仕女图》《簪花仕女图》，线条秀劲细丽，铺排穿插工整有致，竭其骨法用笔的传神写貌之能事，赋色柔丽多姿。结构井然，布势合度，或坐或立，或正或侧，或聚或散，均经过悉心推敲。《纨扇仕女图》对于了解"周家样"的内在意蕴具有重要意义，画家通过妇女丰肥秾丽的仪

唐周昉《簪花仕女图》。绢本设色。周昉（约公元八世纪），字仲郎，(《历代名画记》作景玄），京兆（今陕西西安）人。官至宣州长史。能书，善画人物、佛像，尤其擅长画贵族妇女，早年效仿过张萱，后来加以变化。笔法劲简，用色柔丽。《簪花仕女图》传为周昉所作，取材当时贵族仕女游乐的典型生活。丰颊厚体的形象，打扮艳丽入时，用同时代的大诗人元稹、白居易的题咏之作进行验证，悉合符节。此图不作概景，仕女、白鹤等几乎作等距离安排，画后以辛夷花点缀，时代特征显著，是一幅具有典型的唐贞元年间贵族风尚的真实写照。它不仅显示了唐代绘画艺术的光辉，而且是形象反映历史的一面镜子。

态，刻画了不同人物的性格与情思。宫廷妇女秀丽的外表透露出内在的悲寂心绪，绚丽的画面掩饰不住透过纸背的空虚和无奈。

周昉有"画仕女，为古今冠绝"的美誉。他的画风在后代仕女画尤其是工笔重彩仕女画作品中得以发扬。供职南唐画院的画家，大都仿效周昉风格，他们以描绘宫苑人物见胜。画家周文矩的《宫中图》画妇女童子81名，"体近周昉而纤丽过之"，是对周家样笔法的吸收再创。

周昉除了善画仕女，在佛像画方面也别树一帜。他首创美丽端庄的"水月观音"，成为历代画家沿用的形式，有"周家样"之誉。

怀素去世

唐贞元元年（785年），著名书法家、僧人怀素去世，享年60岁。

怀素，本姓钱，字藏真，长沙（今湖南长沙）人。他热爱书法艺术，虚心求教，勤奋刻苦。史书上载，他因为练字而写坏的秃笔可以堆成一个小土

释怀素《论书帖》

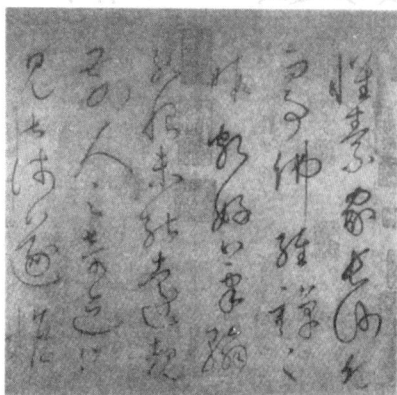

释怀素《自叙帖》。纸本。怀素擅长草书，性疏放不拘细行，酒酣兴发，遇寺壁里墙、衣服器皿无不书写。《自叙帖》为狂草，用笔宛转自如，刚劲有力。字的形体结构极富变化，是怀素狂草的代表作品。

堆。为了练字，他还种植了许多芭蕉，用蕉叶代纸。

怀素的书法以"狂草"著称。他继承了和发展了张旭的风格，二人并称为"颠张醉素"。怀素喜欢饮酒，喝到兴头上，运笔书写，写出的字如同飞动圆转，好似骤雨旋风，虽然有许多变化，却不失一定的法度。

怀素的书法开了一代新风，对后世有巨大的影响。他的存世书迹有《自叙》《苦笋》等帖。另外《四分律开宗记》也是他所著。

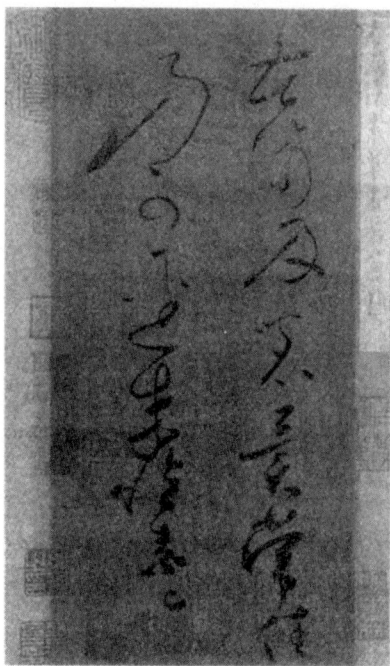

释怀素《苦笋帖》。怀素与张旭齐名，时称"颠张狂素"。

颜真卿书法登峰造极

　　唐代书法可称中国书法艺术发展史上的顶峰，颜真卿是其中最具成就的杰出代表。颜氏书法堪称登峰造极。

　　颜真卿（709年—785年）字清臣，京兆万年（今陕西西安）人，祖籍琅琊临沂（今山东临沂）。开元进士。任殿中侍御史。为人刚正不阿，被杨国忠排斥，出为平原（今属山东）太守。安禄山叛乱，他联合堂兄抵抗，被推为盟主，合兵20万，使禄山不敢急攻潼关。历官至吏部尚书、太子太师，封鲁郡公。人称"颜鲁公"。德宗时，李希烈叛乱，他被派前往劝谕，为希烈缢死。颜氏自幼勤奋好学，颇具文学才华，后人辑有《颜鲁公文集》。

颜真卿《裴将军诗》（忠义堂帖）

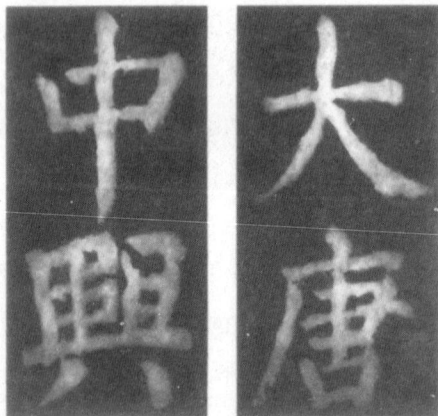

颜真卿《中兴颂》。《中兴颂》摩崖书体雄秀独出，气势豪迈。宋欧阳修《集古录》说此崖刻石"书字尤奇伟而古雅"。清王世贞评曰："字画方正平稳，不露筋骨，当是鲁公法书第一。"

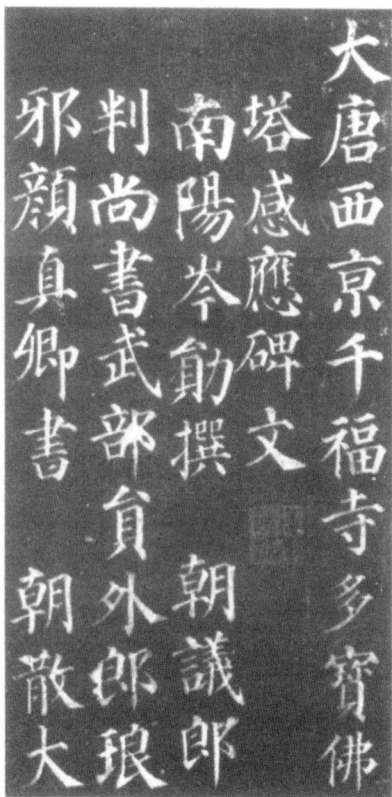

颜真卿《多宝塔感应碑》

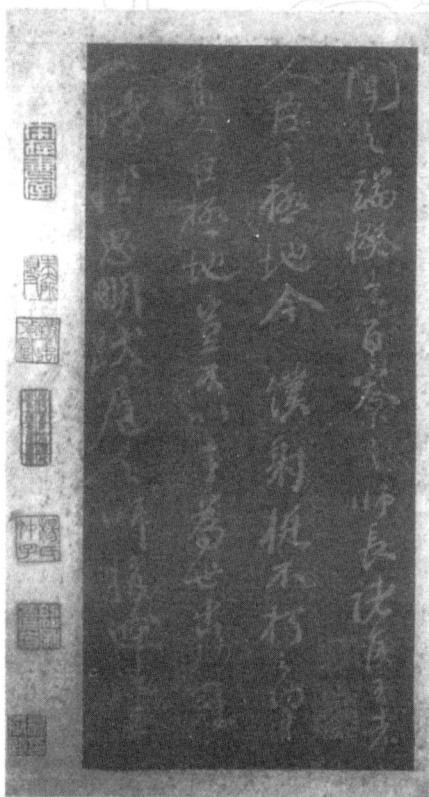

颜真卿《争座位帖》，是颜真卿与郭仆射的书信稿，行草书。

颜真卿书法早年受家庭和外祖家殷氏影响。初学褚遂良，后师事张旭，深得张氏书法之精髓。他又广学博引，从历代名家蔡邕、王羲之、王献之等书法作品中汲取养分，勤学苦练，融会贯通，创造了出类拔萃、雄伟刚劲、气势磅礴的独特风格，自成一体，被称为"颜体"，终成书法大家。他的楷书端庄雄伟、气势开张。用笔横轻竖重，笔力雄劲而有厚度。竖笔向中略有弧度，刚中有柔，富有弹性，力足中锋。结构方正茂密，方中有圆；行书遒劲郁勃、凝练浑厚、纵横跌宕，用笔气势充沛、巧妙自然，使古法为之一变，开创了新风气，对后世影响很大。与稍后的柳公权并称"颜柳"。因颜真卿书法筋力丰满、气派雍容堂正，而柳公权书法曾受颜氏影响，偏重骨力刚健，

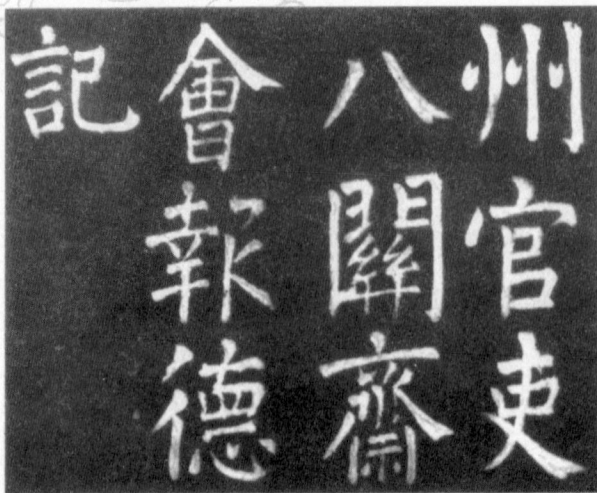
颜真卿《八关斋会报德记》

故又有"颜筋柳骨"之称。颜真卿书法理论，传世的有《述张长史笔法十二意》。

颜真卿传世的书法作品较多，但真伪难辨。除《祭侄季明文稿》被公认为真迹外，其余《竹山堂联句诗帖》《自书告身帖》《刘中使帖》《湖州帖》等作品真伪尚有不同意见。颜氏一生书写碑石极多，保存至今的有：端庄整密、秀媚多姿的《多宝塔碑》、清远浑厚的《东方朔画赞碑》、端正遒劲的《谒金天王神祠题记》、雄伟健劲的《藏怀恪碑》、雍容朗畅的《郭家庙碑》、富有韵味的《麻姑仙坛记》、开阔雄浑的《宋璟碑》（又名《宋广平碑》）、气象森严的《八关斋报道记》、雄沉深厚的《元结碑》、持重舒和的《干禄字书》、遒劲有力的《李玄静碑》等。摩崖石刻《大唐中兴颂》为颜真卿最大的楷书，字体方正平稳，筋骨深藏不露。《颜氏家庙碑》与1922年出土的《颜勤礼碑》书法筋力丰厚，雄迈严整，为晚年代表作品。

颜真卿书法法帖很多。历代汇集的丛帖多有颜氏作品。单帖有《争座位帖》、《奉使帖》、《送裴将军传》、《小字麻姑仙坛记》、《送刘太冲叙》等，内中最为著名者为《争座位帖》。此帖为作者手稿，随手挥毫，跌宕起伏，笔墨淋漓尽致，为不经意之杰作。宋刻《忠义堂帖》则专门汇集颜真卿书法法帖，共收作品45种，仅传浙江省博物馆藏宋拓孤本。

颜真卿书法集古今之大成，在中国书法发展史上起到了承上启下的作用。是中国书法艺术的瑰宝，在中国书法发展上具有里程碑式的意义。

颜真卿《颜氏家庙碑》。为颜真卿72岁时所写，书法丰美健壮，气韵醇厚，是颜体代表作，素来被誉为中国书法艺术之珍品。

张彦远作《历代名画记》

中国书画理论著述，于东晋南唐初成面貌，顾恺之的形神论与谢赫的"六法"流传于世，影响了隋唐间的画家书人。唐代书学与画学理论形成规模，史论兼容，分门别类，其中完整地反映了唐代绘画理论和美学思想的著作是张彦远的《历代名画记》。

张彦远，字爱宾，是晚唐时期的书画家和绘画理论家。约生于元和十年（815年），出身于宰相世家，家中书画收藏颇多，他在家学影响下致力于书画鉴赏和著述，《历代名画记》成书于大中元年（847年），张氏时年约32岁，他不满意以往画学著作"率皆浅薄漏略，不越数纸"，于是广泛采集前人的绘画理论和画史著作，加以汇集整理，书中引用和阐发的艺术理论观点提供了终唐一代画家主要关心的理论问题，具有鲜明的时代色彩。

唐《弈棋仕女图》（部分）

唐太宗喜好书画文艺，注重人物画的社会功用，因此，唐代的画史画论又将秦汉之际艺术中提倡的社会功能重新作了阐发，张氏在《历代名画记》中说："夫画者，成教化，助人伦，穷神变，测幽微，与六藉同功，四时并运。"将绘画的社会功能和历史鉴借作用提到了艺术的首位。这段议论，实际代表了唐代社会对绘画功能的

唐卢楞伽（传）《六尊者像》。图册已不全，仅存《第三拔纳拔西尊者》、《第八嘎纳嘎拔喇襟尊者》、《第十一租查巴纳塔嘎尊者》、《第十五锅巴嘎尊者》、《第十七嘎沙雅巴尊者》、《第十八纳纳答密答喇尊者》六幅。线条流畅细劲，人物的神情与动态均能刻画得相当生动，富有情味。色彩不多但光彩夺目，部分地方以淡墨赋染。每幅画上均有"卢楞伽进"楷书一行。

唐孙位《七贤图》（部分）。图作四个封建士大夫，列坐在华美的花毯上，各有侍者侍候，背景衬以蕉竹树石，环境气氛静穆冷僻。此图用笔细劲凝练，调畅自如，画风继承顾恺之传统又有发展。

唐《树下人物图》。纸本设色。新疆阿斯塔那村墓中出土。所绘男子立像，头戴风帽，腰间插一笛，右手正摘风帽，头稍向前倾，左侧立一童子，以手搀扶男子左臂。背景一树。线条用浓墨画出，粗放有力。

基本认识。

人物画的历史感和真实性要求唐代艺术家和理论家对六朝时提出的形神、气韵、骨法作出重新认识，其焦点集中在对东晋、南朝画家顾恺之、陆探微、张僧繇的评价上。对三人的评价，实际涉及到对谢赫"六法"的认识。张彦远对"六法"作出新的阐发。在《论画六法》与《论画体工用拓写》两节中，首次注意到了"六法"之间的内在联系，认为形、神、笔、色相辅相成，并且提出了"立意"和"用笔"这一对核心概念。这已超出谢赫"六法"之外，实际反映了唐人的艺术追求。立意在画之先，是一幅画气韵、骨法是否周全的根本，而这些都具体到用笔，即画家的构思和画面效果的把握都得通过画笔体现出来。立意不同，笔法、风格也就不同。

张彦远提出"笔"、"意"论，是在唐代书画笔法的精纯完善基础上总结出来的。其理论上的贡献一在辩证地看待笔与意的关系，提出"笔不周而意周"的见解，一在揭示作画用笔时"气脉通连，连绵不断"。

基于上述认识，他又在阐发"六法"关系的同时，提出了品评作品的五个等级，即自然、神、妙、精、谨细。自称"立此五等，以包六法，以贯众艺"，实际上张氏"五等"是唐人艺术观念的具体体现。五等之中，"自然"为上品之上。"自然"之作，即是"得意"的作品。

"神"为上品之中，"失之自然而后神"。张彦远有理由把顾、陆列为自然一等，张置于神品之下。"自然""神"以下，"失之神而后妙，失之妙而后精，精之为病而成谨细"。张彦远的论画思想或者说唐代画家的艺术思想于此五等之中已晓然可见了。

张氏的《历代名画记》还分别对绘画源流、师资传授、古画特征、山水树石、鉴识、收藏等提出了自己的理论见解，对后世山水画发展影响深远。

柳公权创柳体字

晚唐时期，书法大家柳公权创立新体，世人名之柳体，柳体在书法史上的地位与颜体相当。世称二人为"颜柳"。

柳公权（778 年—865 年），字诚悬，京兆华原人，他幼年好学，十二岁即能吟诗作文，被人誉为神童。唐玄宗元和初年，柳公权进京赶考，金榜题名考中进士。

柳公权的字始学二王，几年之后遍习隋唐以来各家的笔法，作品既具有魏晋人的风貌，又吸取了隋唐各大家特点。他擅长真行草，特别是对楷书的研究，功力深厚。他早年的楷书已经取得卓著成就。后来，他进一步揣摩、研

柳公权《神策军碑》

究颜体的笔法，融会成体势劲媚、法度谨严、方圆兼施、富有变化而自成一体的柳体，从而在书法史上奠定了自己的地位。

后人对柳字评价甚高，"书本出于颜，而能自出新意"、"顿挫鲜明，较颜字瘦硬，比欧字雄奇"。岑宗旦评柳书时说："柳公权得其劲，故如辕门列兵，森然环卫"，人称"颜筋柳骨"。柳体字注重骨力，在转折、顿接处显出锋棱，结构紧密，在雄浑厚实中见锋利，在严谨中见开扩，刚劲挺拔。

"字如其人"。史册载，柳公权为官清廉，秉性刚直，不为恶势力所屈，有极好的品德和极高的声誉，能创立柳字，非属偶然。晚唐书法经历盛中唐以后，盛极而衰，柳公权如一匹精悍之马，驶入书林，为后人留下许多碑帖。

传世的《金刚经》刻石，是柳氏中年所书，原刻置西明寺。《旧唐书》本传说："上都西明寺金刚经碑，有钟、王、欧、虞、褚、陆之体，尤为得意。"唐拓孤本发现于敦煌藏经洞，现珍藏于法国巴黎图书馆。《李晟碑》书于52岁，《书概》谓出自欧氏《化度寺》，现藏西安碑林。《玄秘塔碑》出自颜氏《郭家庙碑》，裴休撰文，为64岁时书，代表了柳字的典型风格，是后人学习楷书的入门范本。《神策军碑》和新发现的《回元观钟楼铭》均为柳书的杰出

柳公权《回元观钟楼铭》。柳公权，初学王羲之，后遍阅唐初诸名家书法，而得力于欧阳询、颜真卿，笔力雄健，自成一家，与颜真卿一起开创了我国书法艺术史上一代新风，世有"颜筋柳骨"之称。

作品，柳公权的行书墨迹以《蒙诏帖》为代表，书从颜氏《刘中使帖》,《祭侄文稿》而出，煊赫名迹，气势夺人，清帝乾隆题称"险中生态，力度右军"，显示出书者深厚的功力和柳书的本色，为历代学家、书家所重。

柳公权的书法在当时已非常贵重，王公贵族在刻碑时如果求不到柳氏手书便会被认为不孝。外邦使者也纷纷重金求购他的墨迹。后代书法家更是重视柳体字，将之与颜体字相提并论，成为楷书的范本。

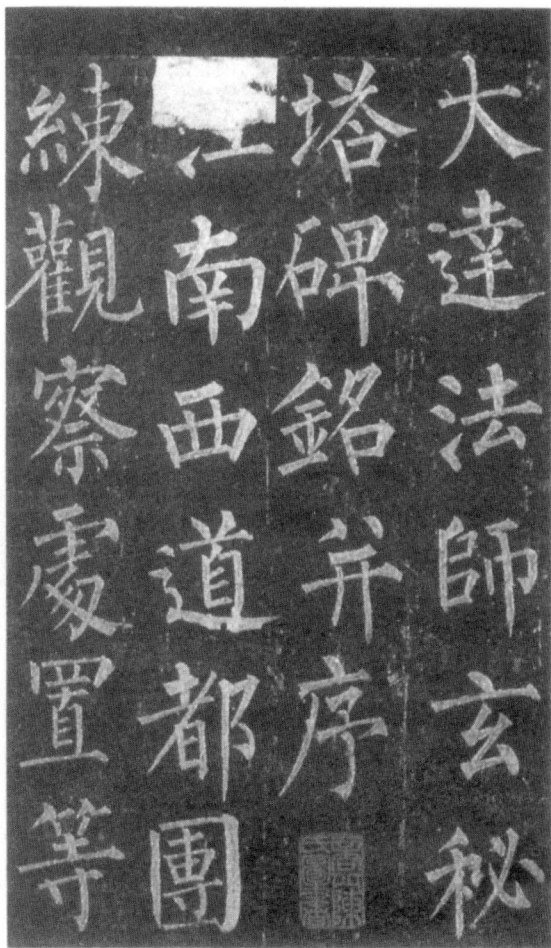

柳公权《玄秘塔碑》

董源创江南山水画法

南唐时活跃在江南的董源，取南方山川丰茂秀润、葱笼浓密的特质，融汇唐人青绿和水墨技法，独辟蹊径，创造水墨，色彩并用，披麻皴和苔点相结合的画法，开创江南山水画派。董源宁叔达，钟陵（今江西进贤西北）人，南唐时任北苑副使，世称董北苑。他的传世作品有《夏山图》、《潇湘图》、《夏景山口待渡图》、《溪岸图》、《寒村重汀图》、《龙袖骄民图》，代表了董源江南山水的风貌。

董源《夏景山口待渡图》（部分）

在《夏山图》中董源一变钩斫之法，使画境达到平淡天真，不装巧趣。这图应属水墨画，但个别地方曾用轻微色彩加染。画的是一片冈峦重叠，烟树沙碛的景致，其间点缀一二人物，一眼看去画面给人开阔辽远的

董源《夏山图》（部分）

感觉，难得的是这幅图画结构又十分严密紧凑，画幅下部利用山坡丛树的起伏，顶部利用远山覆盖于冈峦之上的隐显，使章法本身组成既有规律又有变化的节奏，中部一带沙碛冈峦间的空间，在视觉上造成一种辽阔的气势。树木虽短小，但因沙碛的空间感而见其高大；冈峦虽重叠，却因远山的牵引而不感到阻隔。在艺术手法上值得注意的足以平直横垠的沙堤，来带起球面叠起的冈峦，画面布局极繁密又见单纯，似平淡而见变化。

《潇湘图》和《夏景山口待渡图》的皴染比《夏山图》显得工致，《潇湘图》水墨清润而气度深厚，《夏景山口待渡图》深茂而朴实，在对自然景象的写照上，精致真实高于《夏山图》，但艺术上的抽象简练、气势的雄伟苍郁，则当推《夏山图》为第一。

从《潇湘图》看，董源的创新发展是多方面的，山的表现除取江南幽润清深的峰峦树石外，还采用了独特的皴法。山势从卷首而起，花青运墨勾皴，渐至层峦叠嶂，愈深愈远。为了表现透视深度，山峦上的小土丘自近至远由大渐小，由疏渐密，墨点也有疏密渐淡的变化，斑斑驳驳，显出密密杂杂的远树势态，在用墨彩渲染时又在山凹得当处留出了云霭雾气，造成迷蒙淡远之感。

在《龙袖骄民图》中，董源所绘山石，是用长披麻皴，以中锋笔从上而下左右拨拂，线条的方向大致相同，而时常交叠起来，样似披梳苎麻成绺，矾头则通过空心点皴，表现得草木蒙茸，披麻皴和矾头画法都是从董源开始

才大量使用的。董源在王维"清润"之境的基础卜，吸取李思训设色之巧于用墨，深得妙处。

董源对后世影响显著的，是水墨矾头披麻皴这种风格的源头。他的作品深深影响了南唐山水画家巨然。他的画风迥异于北方画派，以无数点线来表现山的轮廓，并以水墨烘晕来突出它，精工生动，开启了江南山水画派。

董源《龙袖骄民图》

顾闳中作《韩熙载夜宴图》

五代南唐画家顾闳中所作《韩熙载夜宴图》，代表了五代时期人物画创作所达到的成就，是稀有珍品。

顾闳中，江南人，五代南唐画家，南唐后主时期（943年—975年）在南唐画院任侍诏，擅长人物画。《韩熙载夜宴图》是他受南唐后主李煜之命创作的。相传李后主想了解大臣韩熙载家宴的情形，命顾闳中夜至其私宅，暗中观察。顾闳中目认心记，以默画为基础创作了这幅纪实的人物画作品。画中主要人物韩熙载出身北方豪族，朱温（907年—912年）在位时以进士登弟，南唐时官至中书侍郎，有志不得伸，抑郁苦闷；晚年放浪不羁，纵情声色。这幅画以连环画形式表现了5个互相联系又相对独立的情节，展示了夜宴活动的内容，即听乐、观舞、休息、清吹、送别。

画中有十余个主要人物，在5个情景中又反复出现，多为见于记载的真实历史人物。整幅画虽然大量描绘歌舞场面，但却笼罩着沉郁的气氛。全卷5个情节中，韩熙载均出现。画家从不同角度，从外貌到性格，深刻刻画出韩熙载内心深处的隐衷。其余人物在5个情节中互相呼应、联系，动作表情均表达了其精神状态，与环境气氛相统一，这在起首的"听乐"和第四段自己"清吹"中表现得最好。画卷用笔与设色十分精致。画家以劲健优美、柔中有刚的线条公勒人物，服饰细入毫发，衣纹简练洒脱。色彩有通体的单纯，又有层出不穷的绮丽，艳而不俗。色与线有机结合，使画面显出明暗变化。画家凭着杰出的智慧，深入人物内心，将那种含而不露的感情独白，融化于优雅的夜宴气氛中。

《韩熙载夜宴图》在内容与形式上都达到相当高的水平，也为研究中国古代音乐史、舞蹈史、服装史、工艺史、风俗史提供了重要的形象资料。

顾闳中《韩熙载夜宴图》（部分）

黄筌、徐熙画花鸟

　　黄筌、徐熙的花鸟画不仅展现了优美的境界，而且使五代的花鸟画提高了水平并影响了后世。黄筌、徐熙有各自的生活道路和艺术追求，形成了不同的艺术风格和流派。

　　黄筌，字叔要，成都人，从少年到晚年身居前蜀、后蜀宫苑，饱览禁中名花奇卉、珍禽异兽，他的画迎合了宫廷贵族的爱好。他吸收诸家之长，形成自己的"翎毛骨气尚丰满"的工丽一体。宋《宣和画谱》著录黄筌作品多达349件，但流传至今的只有《写生珍禽》图卷这一课徒稿本和《芳溆春禽》册页。《芳溆春禽》册页尽管具有相当局促的画面空间，但由于构思巧妙，故能游刃有余，在丰满典丽的同时，空间开阔，疏密适当，富于动态美。首先，作者以两柳摇曳，俯视溪流为中心架构，春风轻拂柳枝，吹皱春水，点出早春的环境特征。其次，在这个环境里，分别将黄鹂、水鸭排位，再缀以桃花、野卉、小草。再次，发挥了细部的对比、呼应、衬托的作用，飞鸟与双鸭动静高下相应，两株柳树一直一斜，对比柳叶桃花红绿衬托，增强图画的多层性和丰富性，在表现技法上，只用淡墨轻轻勾勒轮廓，丰要侧重于依照对象本身分别设色，颜色既对比鲜明，又和谐统一，组成了华丽绚烂的色彩，衬托出春意盎然的意趣，达

徐熙（传）《玉堂富贵图》

五代《丹枫呦鹿图》

五代《秋林群鹿图》

到高度的艺术真实。另外，黄筌工笔画十分工细，先作淡墨而后作色彩渲染，并分许多层次，基本上盖住墨迹。图中间使用"没骨法"来画黄鹂、桃花，又略用皴法画古根坡脚。《宣和画谱》评他的画："如世称杜子美诗、韩退之文，无一字无来处。"把他的画与杜甫的诗、韩愈的散文齐名对待。

　　黄筌作为晚唐五代杰出的宫廷画师，以其独创的艺术技法将中国花鸟画创作推向了成熟期，他的画成为宋代院体画的仪范，《宣和画谱》说其画法是宋太祖、太宗时国画院的标准，具有很高的权威性，足以想见其对后世绘画艺术的巨大影响。

　　"黄家富贵，徐熙野逸"，在黄筌富丽风格之外，南唐还有一派以徐熙为代表的体现文人意趣的画风。徐熙，江宁人（一作钟陵人），出身江南名族，放达不羁，志节高迈，画中多为寒芦、野鸭、龟蟹、草虫、园蔬、药苗、四时折枝，多是江南所常见之物。他"落墨"以取骨格，先用墨定枝叶蕊萼，然后再用色彩涂傅，"故气格前就"、"气骨能全"（刘道醇评徐熙语）。他只是略施丹粉而已，但"神气迥出，别有生动之意"（《梦溪笔谈》）。徐熙花鸟画风格，从取材到用笔，乃至总体风貌，与黄筌工丽一体区别较明显。

五代花鸟画家开创了线条所表现的笔力和墨染所产生的色感，并以二者结合为花鸟画艺术造型的最高格调。徐黄二体在技法和审美意趣上代表了五代花鸟画风格，奠定了两宋以后的写意与工笔花鸟的基调。

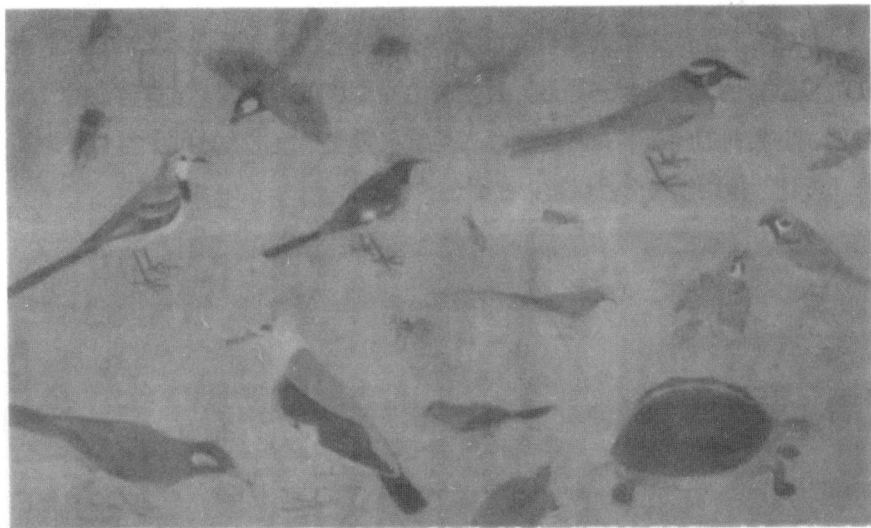

黄筌《写生珍禽图》。此图画各类飞禽、昆虫、龟等二十余种。形象准确生动，笔法工细，色调柔丽协调，可看出写生功力之深。构图无一定章法，鸟虫互不呼应，画左下方署小字一行"付子居宝习"，当为传子习画范本。黄筌，五代西蜀时任翰林诗待诏，权院事（皇家画院的主管人员）等职。善画山水、人物、龙水，尤以花鸟最为著名，画法精工富丽。又曾从刁光胤、孙位、李升学画，善于吸取诸家之长，自成一体，对北宋和以后的花鸟画有重大影响。其子黄居寀、黄居宝承继了家法。

宋初三大家奠基宋山水画

山水景物先是在人物画中用作配景的，大约在唐代逐渐形成独立的画种，《历代名画记》说："吴道子写蜀道山水，始创山水之体自为一家。"到了北宋，可谓名家辈出，风格多样，在题材、风格、技法上均有重大发展，形成了宋初三大家。元代汤垕认为"宋画山水超过唐世者，李成、董源、范宽三人而已"，谓此"三家照耀今古，为百代师法"。

李成被北宋人公认为宋朝最重要的山水画家。李成擅长画平远寒林，能够真实生动地表现开旷和深远，有很高的写实技巧。他善于发挥笔墨的表现性能，以爽利的笔法和微妙的墨色表现烟霭雾气中山川大地的灵秀和风雨阴晦的变化。他用墨淡而有层次，被誉为"惜墨如金"。

《茂林远岫图》，李成画。画法苍劲，笔墨厚重，属北宋力作。

李成的绘画风格影响很大，形成了李成画派，北宋前期这个画派的主要画家有许道宁、李宗成、翟院浑等，北宋中后期的郭熙、王诜等也是这个画派的成员。

董源擅长画山水，尤其是江南风光。他用干湿不同的墨线皴出峰峦坡岸，又以聚散变幻的墨点画草木杂树，这种"披麻皴"、"点子皴"交互使用、皴染结合的表现方法，成功地描绘出江南山川的神气。董源有《潇湘图》、《夏山图》、《夏景山口待渡图》、《笼袖骄民图轴》等画传世。

范宽画的山水特点是着重表现山的雄健坚实的实体感，视之如近在目前，

《读碑窠石图》，李成画。置境幽凄，气象萧瑟，描绘了荒芜日久的名胜。

伸手可扪。他善于用质朴有力的笔墨和浓重的墨彩真实地画出山雄峻硬棱的结构，对景造意，不取繁饰，写山真骨，自成一家，有极强的感染力，因此被誉为"与山传神"。范宽的画今天存有《雪景寒林图轴》、《雪山萧寺图轴》等，其中《溪山行旅图》是他的传世名作。

史载范宽的弟子和后学有黄怀玉、纪真、商训、宁涛、刘翼等人，但作品较少。

北宋初期的三大家开创了山水画的不同风格，代表了当时山水画的最高水平，他们和他们的弟子及后学们的创作，差不多构成了宋代山水画的全部风貌。

范宽画山水

《雪景寒林图》，范宽画。

范宽，一名中正，字中立，陕西华原（今耀县）人。生于五代末年，宋仁宗天圣（1023年—1031年）年间尚在。据说他性情宽厚，嗜酒，不拘世故，常往来于京师与洛阳之间。他的山水画，初学荆浩、李成，后来有所领悟，叹道："前人之法，未尝不近取诸物，吾与其师于人者，未若师诸物也；吾与其师诸物者，未若师诸心。"这是他的心得体会，也是中国山水创作的重要论点。于是他深入到终南山、太华山一带的深山里去，坐卧其间，对自然山水进行细心观察体会，终于发展了荆浩的北方山水画派，并能独辟蹊径，成为浑厚壮观的山水画家。

范宽的作品，今存台北故宫博物院的《溪山行旅图》，是比较可靠的真迹。迎面矗立的雄壮浑厚的大山头，表现出大自然雄伟气势。山间飞瀑如练，直落千仞。山下空蒙一片，衬托出怪石箕踞的岗丘，丘上杂树丛生，树巅露出楼阁，山脚流水潺潺。山路上有一队驮马经过，整幅山水表现了对祖国河山壮丽的赞美。范宽喜作雪景寒林，在宣和御府所藏其58件作品中，有1/3的作品是雪景寒林的。雪山形象，是他的创造。画山石，用雨点皴。山顶好作密林，水际作突兀大石，到晚年趋于枯老劲硬，画山多呈正面，折落有势，晚年用墨太多，土石不分。这些均是其山水画的艺术特点。

《雪山萧寺图》与《雪景寒林图》，亦传为范宽作品。前者山势雄厚，山头丛树雄劲如扫帚，倍见雪山深莽气象。后者布景更为致密，用笔雄强老硬，

《雪山萧寺图》，范宽画。范宽画
派的重要作品。

《溪山行旅图》，范宽画。

墨韵深厚，山石更具质感，亦显现了北方山川雪景的壮丽浩莽。

范宽的山水与李成相对，后者烟林清旷，气象萧疏，"近视如千里之远"；而范宽之笔雄健老硬，颇具质感，"远望不离坐外"，因而为"天下所重"。

范宽山水对后世影响很大，黄怀玉、纪真、商训、宁涛等人均师法范宽，但未能青出于蓝而胜于蓝。

郭忠恕编《汗简》

977年，宋代文字学家、画家郭忠恕（？—977年）逝世。

郭忠恕，字恕先，河南洛阳人。小时候聪明伶俐，7岁应童子科及第。后周时被召为宗正丞兼国子书学博士。960年，他因酒后在朝廷上与监察御史符昭文争论，御史弹劾，他竟叱责御史，撕碎奏文，被贬为乾州司户参军。作参军时，又因酒后伤人，擅离贬所，被发配灵武。他后来往返于陕西、河南之间，以画艺游食于公卿富贵家。宋太宗即位后，也召他去做官，后终因贪杯自误而丧命。郭忠恕善画山水，尤工界画，他的界画以准确、精细著称。传世作品为《雪霁江行图》。郭忠恕多才多艺，擅长篆、隶书，精通文字学。

《雪霁江行图》，郭忠恕画。

郭忠恕对中国文字学的最大贡献，就是编成其专著《汗简》。北宋初年，郭忠恕着重于"六国文字"的搜集和整理，著成了第一部整理"六国文字"的专著——汗简》。"六国文字"实际是战国时代秦以外东方各国使用的书写文字，这种文字主要书写于经传古籍的抄本。《汗简》此书名取典于古人所谓"杀青"，即用火烤竹，把水分蒸发掉，便于书写和保存，表明作者搜集的文字主要来源于古代简册。

《汗简》所搜集的古文来源于《古文尚书》、《古周易》等71种古籍和石刻材料，所取字数不等，有的近五百，有的只一个。该书体例完全遵照《说文》，按540部排列文字，正文为摹写的古文形体，各种异体尽量列出，释文用楷写今体，不作隶古定，每个字都注明出处，详尽有致，便于查寻。

该书在当时受到极大重视，夏竦（985年—1051年）曾以它为基础，撰《古文四声韵》五卷，并在书中收录若干青铜器铭文，开宋代搜集研究金石文字的先河。但宋以后，许多学者就因所收字形无从核实，所收字体又较怪异，既与出土的青铜铭文不合，又有大批不能从《说文》中找到根据，以及不少改变《说文》所从部首，而从郭氏自定部首等对《汗简》提出了怀疑、非议。《汗简》因此不被文字学界看重。

随着大量战国文字材料的出土面世，该书的价值日渐揭晓。现已成为识读战国文字的重要参考材料。

黄居寀画花鸟

黄居寀（933年一？），字伯鸾，黄筌的第三子，他是五代西蜀和宋初画院的山水、花鸟画家，孟蜀时曾供职画院，授翰林待诏，宋初进入汴京，宋太宗授其为光禄丞，备受青睐，在画院中地位甚高。他曾奉命收集，鉴定名画并负责审查画家的入院作品。黄居寀继承家学，画风、题材皆追随其父黄筌。黄家父子工整精丽的画风主导了北宋前期100多年的画院花鸟画坛。

黄居寀画花鸟，妙得生动自然之态，他还擅长于画怪山石景，在蜀官时曾"图画墙壁屏幛不可胜记"，他曾与其父合作《四时花雀图》、《青城山图》、《峨嵋山图》、《春山图》、《秋山图》等，并作为国家礼物赠给南唐。在北宋末年，宫廷内府还保存他的作品三百十二轴，绝大部分是以名花珍禽（如牡丹、海棠、桃花、芙蓉及锦鸡、山鹧、鹦鹉、鸳鸯等）为内容。但是，黄居寀的可靠传世之作，现在仅存有一幅，即《山鹧棘雀图轴》（绢本设色，纵90厘米，横55.6厘米，台北故宫博物院藏）。这幅画描绘水边石上立着一只山鹧，山鹧神态安详自在，背景有山石及灌木，全图禽鸟用细笔勾勒填色，以朱砂画山鹧的喙和爪，羽毛则用石青画出，形象富丽醒目，生动自然。石头的皴斫则显示出作者山水画的功力。在图的上方有宋徽宗赵佶写的"黄居寀山鹧棘雀图"八个字，还保存着宋朝宣和内府的装裱式样。

苏轼书画独辟蹊径

北宋苏轼的书画在学习继承前人的基础上，努力追求创新，在文学、书法、绘画及理论几个领域内，都达到了极高的境界。

苏轼（1036年—1101年），字子瞻，号东坡居士，眉山（今属四川）人。他是诗人、词人、散文家、书画家。北宋嘉祐二年（1057年）中进士后入仕，宋神宗时曾任祠部员外郎，知密州、湖州、徐州。因反对王安石新法，贬谪黄州。宋哲宗时任翰林学士、礼部尚书，知杭州，又贬谪惠州、儋州、谥文忠。

苏轼是继欧阳修后北宋文坛的杰出领导者，在书画上也有独到贡献。在绘画理论上，他有许多创见，如提出"士人画"与"画工画"的区别，推崇王维的画"得之于象外"，因而主张绘画摹写人物与诗人大致相同，指斥单纯追求形象逼真。在这种思想指导下，他的绘画创作也不同于一般。他喜好画枯木、怪石、墨竹等，时出新意，形神俱妙。他的《枯木竹石图》一卷，画

苏轼《枯木怪石图》

苏轼《黄州寒食诗》书法

蟠曲枯树一株，顽石一块，石后露出二、三小竹和细草，深具意趣，可谓"诗中有画、画中有诗"。他画竹，常常一杆从地直至顶。图中枯木虬屈无端倪，怪石皴硬，自谓"枯肠得酒盘角出，肝肺槎枒生竹石"。枯木题材绘画也正是他心灵的写照。该图运思清拔、风格卓绝，是画中珍品。

在书法上，他少时学王羲之兰亭笔法，后又学柳公权，笔意工拙，字特瘦劲；中年始学颜真卿、杨凝式，笔圆而韵胜；晚岁作书挟大海风涛

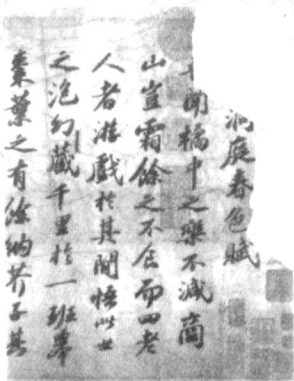

苏轼《洞庭春色赋卷》书法

之气，如古槎怪石，如怒龙喷浪，奇鬼博人。他学书达到物我两忘、得心应手的境地，形成独特的风格，尤以行书和楷书名著于世。他所遗留下来的墨迹有《治平帖》、《黄州寒食诗》、《赤壁赋》、《祭黄几道文》、《新岁展庆帖》、《洞庭春色赋》等。

《治平帖》成书于早年，行书，字体端庄，富有姿媚，可见其少年时学王羲之的痕迹，但用笔肥壮，绵中裹铁，其醑放已具后来风貌。

贬谪黄州已值苏轼壮年，思如泉涌，诗文书法创作极富，最著名的墨迹代表是《黄州寒食诗》，为行书诗稿。诗的内容，充满着消沉、悲苦、凄凉、绝望的情绪。其书随意命笔，随着诗情的起伏而变化，参差错落，时大时小，忽长忽短，感情随着笔尖自然流出，达到了艺术形式和内容的完美统一，令人感叹不已。该帖笔墨丰肥圆润，浑厚爽朗、跌宕多变，代表了其行书的最高成就。

楷书《赤壁赋》笔致圆润丰腴，朴拙厚实，钝滞之处，有人疑为钩摹。《祭黄几道文》意味温厚，肥瘦变化较之《赤壁赋》于严谨中更富有活力。晚年《新岁展庆帖》等笔墨老辣，不拘形迹，姿态横生，达到了平淡中见天真的更高境地；行书《洞庭春色赋》等不惟古雅，且姿态百出，结构紧密，无一败笔，人誉之为"眉山最上乘"之作。

苏轼居北宋四大家之首，其书格调逸俊，以气韵见胜，黄庭坚誉其为"本朝第一"，对后世书画发展有极大影响。

文同画竹

《墨竹图》，文同画。

北宋文人画家文同爱竹知竹画竹，所绘墨竹，冠绝于世。

文同（1018年—1079年），梓州永泰（今四川盐亭）人。号锦江道人、笑笑先生，世称石室先生。家世业儒，因神宗元丰初年曾出任湖州太守，故后人又称其为"文湖州"。

文同出身于书香门第，精通音乐，善长诗、书、画及楚辞，人称"四绝"。他和苏轼是表兄弟，但他处世谨言慎行，与苏轼的豪放恣纵不同。

文同能画竹石枯木及山水，长于墨竹，他爱竹又画竹，还常常栽竹、赏竹以自娱。人说他是：朝与竹乎为游，暮与竹乎为朋，饮食乎竹间，偃息乎竹阴（苏辙《墨竹赋》）。对竹的形态规律有深刻的体会，他熟悉竹的习性，以画竹自勉高洁之志。

文同强调画竹必先成竹在胸，执笔熟视，乃见其所欲画者，急起从之，振笔直遂，以追其所见。他在画中巧用浓淡，"画叶以深墨为面，淡墨为背"，他的竹子造型十分注重结构与疏密，常取大形于曲折中，生机勃发。

文同因对竹有深入的观察与体会，画竹常能妙得其理。所画纤竹、偃竹、折枝竹、丛竹等都是他对墨竹形象的创新。可惜其墨竹真迹传世不多，仅《墨竹图》一件。

《墨竹图》为纸本水墨画，竹杆似屈而不屈，竹叶针刺凌飞，浓淡交替而又层次清晰，竹品人情尽在其中。

文同是对墨竹作出巨大贡献并对后世有着巨大影响的画家。米芾在《画史》中称："以墨深为面，淡为背，始于与可。"他的画风后人称为"湖州派"。

北宋文人画崛起

北宋熙宁、元丰年间，一些诗人、文学家、书法家、艺术评论家，亲自投入到艺术创作中去，他们一般不倚其为衣食之资，可以不受画坛风气的束缚，多能按照自己的意愿创作，形成了一个有别于画工——职业画家创作风格的文人画家群。他们在理论上和创作风格上强调画家的品格和文化修养，在艺术上标新立异，不为形囿，不拘法度，把政治失意所产生的精神压抑渲泄在笔墨之间，表现画外之意，在描绘形象世界的同时，展现出文人士大夫疏放不羁的精神世界。从事文人画创作的艺术家一般都具有良好的艺术修养，能将诗、书、画融为一体，构成文人画独特的艺术语言。因此，北宋文人画不象某些专业画家那样过于熟练、程式化而显得比较自然质朴，作品较重构思、重意境。他们在创作上着意与专业画家分道扬镳，取于无所师承，不求形式，以诗词为意境，以书法为笔趣，放手作画，直抒胸臆，在简淡天真和笔墨神韵之中获取艺术享受。

文人士大夫吟诗作画蔚然成风。他们在画幅上题字咏诗渐次增多，开辟了书画题跋的新天地，

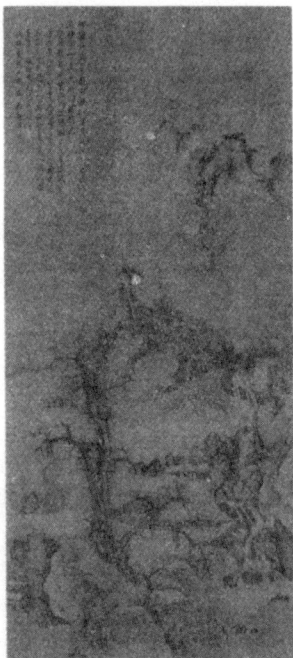

《雪山访本图》，郭熙画。

《渔父图》，许道宁画。

其书法艺术引入绘画表现形式丰富和提高了绘画艺术的表现手段。

北宋时期涌现出许多风格奇异的文人画，如仲仁、扬无咎的墨梅，文同的竹，苏轼的古木怪石，李公麟的鞍马，米芾、米友仁父子的云山等等，都成为后世文人画家追随学习的典范。文人士大夫的绘画和绘画理论影响到辽金地区，成为元明文人画发展的前导。

李公麟白描

李公麟作画大胆地摒弃色彩，专用白描，形成独立的、具有高度概括性和表现力的艺术形式，创造出崭新的白描手法。

李公麟（1049年—1106年），字伯时，舒城（今属安徽）人。宋熙宁三年（1070年）进士及第，一生官运不甚得意，然而在绘画艺术上成就甚高，与王安石、苏轼等人均有书画之交。他襟怀超脱，文章不失建安风格，书法不乏晋人韵味，能诗善画，尤善于鉴辨故器物，是一位修养高深而又多才多艺的艺术家。

李公麟绘画，与其他文人画家仅能画山水、花卉有所不同，道释、人物、鞍马、宫室、山水、花鸟等无所不能，绘画题材颇为广阔。他初学顾恺之、吴道子；进而又师法晋隋唐宋诸家，博采众长而不蹈袭前人，逐渐形成自己的风格。李公麟创作一般用水墨画在纸上，闲雅文秀，白描上极具功力，常以单纯洗练、朴素自然的线条来表现物象的形貌神态。传世真迹有两件，即《临韦偃牧放图》和《五马图》。

《临韦偃牧放图》是李公麟根据唐代韦偃的

《莲社图》，李公麟画。

《牧放图》临摹的，但仅仿佛其意而已，整幅画的技巧娴熟，线条流畅而无滞碍，如一气呵成，作品中倾注着他的再创造。该图描写的是皇家御马苑中所养的骏马，一望无际的荒漠原野，随着山川地势的变化，骏马或聚或散，或密或疏，或远或近，安排得严谨而自然。现

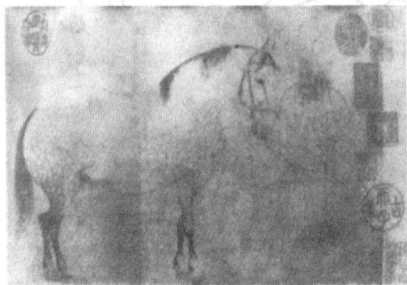

《五马图》之一，李公麟画。

存卷中总计有马1286匹，牧人134名，场面浩大，气势雄伟。

　　《五马图》是纸本水墨画，用线描表现宋哲宗时天驷监中的五匹名马，依次是凤头骢、锦膊骢、好头赤、照夜白、满川花，各有牵马的马官。五匹马或立或行，腹、背、臀、胸都用单线白描，仅口鼻、目、蹄略用墨染。其中前四马自鬃后至足肘都是一笔书成，行笔劲细而略有轻重变化。马尾用淡墨虬曲的细线，丝丝不乱。中国古画中不乏画马名作，若就用笔简洁文秀而不失骏马神韵而言，当以《五马图》为最。

　　李公麟的白描手法，成为可与重彩和水墨淋漓的画法相抗衡的传统绘画样式之一，为丰富中国画的表现技法作出了重大贡献。南宋贾师古、元代赵孟頫、明代丁云鹏等名家画人画马，无不祖述李公麟。

米芾画烟雨

　　米芾善画梅、松、兰、菊，立意新颖，形成独具特色的江南"烟雨画"。

　　米芾（1051年—1107年），字元章，祖籍太原，后迁至襄阳，曾长期居于润州（今江苏镇江），因自号襄阳漫士，海岳外史。徽宗时，官至书画学博士、礼部员外郎，人称"米南宫"。他的儿子米友仁也善于书。

　　米芾性情旷达、耿介不阿，有洁癖，酷爱怪石，才高艺广，能诗善书。

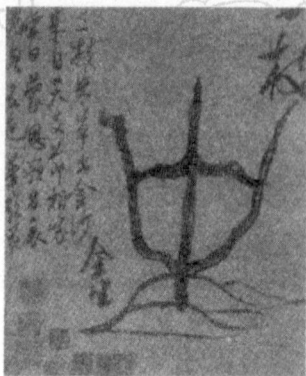

《珊瑚笔架图》，米芾画。

他特别喜爱画水，史载他"画山水人物，自名一家，尤工临移，至乱真不可辨"（《宋史》卷444米芾传）。他又富收藏，精于赏鉴，艺术上颇有造诣，传说他"多游江湖间，每卜居每择山明水秀处，其初本不能作画，后以日所见日以模仿之，遂得天趣"（赵希鹄《洞天清禄集》）。

米芾特别推崇五代董源的画风，主张"平淡天真"，反对"俗艳"。晚年居江南，有感于长江两岸"云气涨漫，岗岭出没，林树隐现"的烟雨之景，创造出泼墨点染的山水烟雨画。他的画取材于枯木竹石花卉，时出新意。画山水，信笔为之，多是烟云掩映的水墨云山。他将书法中的点画用笔融于绘画，并以大笔触的水墨表现自然山川的烟云风雨变化，后人称之为"米点山水"。

米芾还是北宋著名的书画鉴定家和理论家。所著《画史》一书是中国早期的绘画鉴评著作之一。书举其生平所见的名画，评论优劣，鉴别真伪，考订谬误，标出特点，载记装裱、收藏及有关逸事等。

米芾的绘画真迹均已失传。但他用水墨描绘烟云掩映山水的画法却是后代文人画中很常见的一体。画梅、兰、松、菊和画墨竹一样，也成为以后文人画的重要题材。

王诜学李成而自成一派

王诜（1048年—1104年后），字晋卿，祖籍太原，后迁居开封。他是宋神宗赵顼的驸马都尉，官至定州观察使。王诜出身贵族家庭，他爱好诗文书画，喜欢结交诗人画家。他家里有个西园，苏轼、黄庭坚、米芾、秦观、李公麟等名家常在此吟诗作画，谈禅论道。他还富于收藏，精于鉴赏，常以古人所画山水置几案间，具有浓厚的艺术修养。

王诜擅长山水画，青绿着色师承李思训，笔墨技法主要学习李成，他还学过文同的墨竹。他善于溶水墨与青绿为一体，以重笔勾染，意境幽静深秀，画风秀润清丽，自成一派。据说他善画烟江远壑，柳溪渔浦，晴岚绝涧，寒林幽谷，桃溪苇村等词人墨卿难状之景，显示出独特的艺术品味。

王诜的传世名作有二，一是《渔村小雪图卷》（绢本水墨设色，纵44.4厘米、横219.7厘米，故宫博物院藏）。这幅画富有情致地画出了水滨雪后初晴的风光，展卷处山势巉绝，覆盖着薄雪，渔夫在冒寒张网捕鱼，而文人雅士则兴致勃勃地观赏雪景，岩石间生长着寒林老树，画卷后段则画出辽阔平远的江水，与前段山峦高远幽深形成强烈的对比。这幅画皴山画树的手法，还是来自李成，运用微妙的水墨皴染，又间以涂施白粉，成功地表现出雪后郊野渔村浑茫的气象。山林间勾以泥金，加强了阳光浮动的刻画，手法颇为别致。另一传世名作《烟江叠嶂图卷》（上海博物馆藏）以青绿设色，间以水墨渍染，米芾所记的"王诜学李成皴法、以金绿为之"（《画史》）就是指这种体貌。

《烟江叠嶂图卷》，王诜画。

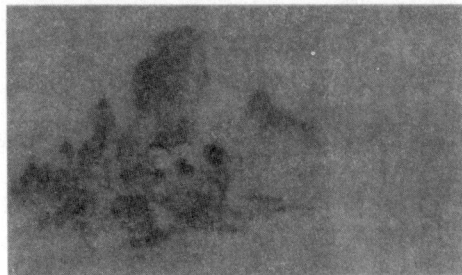

《渔村小雪图卷》，王诜画。

黄庭坚开新书风

黄庭坚在运笔、风格上变更古法，追求书法的胸怀、意境，开拓了一代书风。他对书法艺术的独到思想大多集中在《山谷集》中。他反对食古不化，强调从精神上对优秀传统的继承，强调个性创造，注重心灵、气质对书法创作的影响。在风格上，反对工巧，强调生拙。他的书法思想对后世影响颇大，并且这些思想，都可以与他的创作相印证。

黄庭坚学书三十年，初以周越为师，晚得苏才翁、子美书观之，于是得古人笔意，其后又得张长史、僧怀素、高闲墨迹，乃窥书法之妙。他对颜真卿、杨凝式也十分推崇。讲究用笔方法，说"字中有笔，如禅家句中有眼"，"用笔之法，欲双钩回腕，掌虚指实，以无名指停笔，则有力"。他的书法纵横奇倔，波澜老成，结构中宫紧集，长笔肆意伸展作辐射状，豪荡而富有韵味，用笔疾中有涩，长划与撇捺时而出现战笔。

黄庭坚的书法，小字行书《婴香方》、《王长者墓志稿》、《泸南诗老史翊正墓志稿》等为代表，书法圆转流畅，沉静典雅。大字行书有《黄州寒食诗卷跋》、《伏波神祠字卷》、《松风阁诗》等，都是笔画遒劲挺拔，而神闲意浓。草书有《李白忆旧游诗卷》、《诸上座帖》等，结字雄放瑰奇，笔势飘动隽逸，在继承怀素一派草书中，表现出黄书的独特风貌。

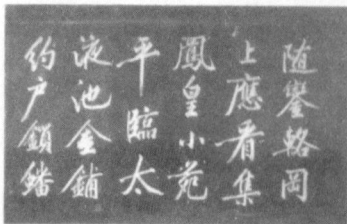

值得一提的是黄庭坚的草书成就。宋四家中，蔡、苏、朱都擅长行书，而黄庭坚草书雄视当代，是继张旭、怀素之后宋朝最重要的有创造性的草书大家，沈周称他为"草圣"。《李白忆旧游诗卷》多用侧锋，《诸上

黄庭坚《李白忆旧游诗卷》书法作品

座帖》中锋与侧锋并用，笔法变化丰富，帖中重复的字很多，开首一连七个"执着"，写来不觉雷同，中间一段行笔加快，末段渐收，多用中锋，加强苍劲之力。此外如"点"的书写，也是有独到之处，在全篇中有画龙点睛之妙。

黄庭坚在绍圣年间（1094年—1098年）得见怀素《自叙帖》，笔下顿觉超异，可见他能师出古人而有新意，最后自成风格开创了新的书风，成为我国书法艺术史上又一朵奇葩。

黄庭坚开诗歌新流派

北宋末期，黄庭坚在总结自己的诗歌艺术特点的基础上，形成了一套完整的作诗技巧方法，并开创了新的诗歌流派——"江西诗派"。

黄庭坚（1045年—1105年），字鲁直，号山谷，又号涪翁，洪州分宁（今江西修水）人，自幼聪颖过人，熟读经史百家之言论，宋英宗治平四年（1067年）考取进士，随后走上仕途，先后任汝州叶县（今属河南）县尉、北京（今河北大名）国子监教授，吉州太和（今江西泰和）县令，一度曾入宫为参详官，编修《神宗实录》，后受当权派迫害，被贬为涪州（今四川涪陵）别驾，黔州（今四川彭水）安置，最后被贬到宜州（今广西宜山），直到终年。

作为一个诗人，黄庭坚强调用词的精炼与准确性，每用一字，都要起到一定的震撼力，即所谓"用一事如军中之令，置一字如关门之键"。他的诗歌特点，在写景、遣怀、寄识等抒情诗中，无不用词精炼，抒情深浓，给人以美的享受。

黄庭坚在诗歌方面最主要的成就还应在他开创了新的诗歌流派——"江西诗派"。江西诗派的主要代表人物除黄庭坚外，还有陈师道、陈与义等。江西诗派的主要理论观点是"夺胎换骨"、"点铁成金"，这是有关引用古人诗句的方法问题，即只能引用古人诗句以作陶冶之用，不能全盘照搬。要做到这

一点，就必须作者本人自有主旨，"凡作一文，皆须有宗有趣"。对于理与辞的关系，他肯定以理为主，以辞为辅。"以理为主，理得而辞顺"。

江西诗派的另一个理论观点是：要求诗人在掌握艺术技巧的基础上，摆脱技巧的束缚，而自成一家。这一点对江西诗派的诗人影响很大，黄庭坚的诗以生新瘦硬见长，陈师道的诗则比较朴拙，陈与义的诗又趋向于雄浑博大。正是这一点各成一家的风格使得江西诗派在文学史占有重要的地位。

江西诗派到了南宋年间，在诗坛上的影响比北宋年间有过之而无不及，杨万里、陆游、姜夔在诗歌艺术上都受江西诗派的深厚影响。

宋徽宗创瘦金体

赵佶不仅是画家，在书法上也有较高的造诣。清王文治《论书绝句》论述："不徒素练画秋鹰，笔态冲融似永兴，善鉴工书俱第一，宣和天子太多能。"赵佶书法学薛曜、褚遂良，创造出独树一帜的"瘦金体"，瘦挺爽利，侧锋如兰竹，与他所画工笔重彩相映成趣。

所谓瘦金书，是美其书为金，取富贵义，亦以挺劲自诩，与李煜诩其书为"金错刀"同一义。他传世的书法作品，楷书有《楷书千字文墨迹》、《皇帝辟雍诏》、《秾芳依翠萼诗帖》、《大观圣作碑》；行书有《赐李邦彦诏》、《蔡行敕墨迹》、《崇真宫徽宗墨迹》；草书有《草书纨扇墨迹》、《草书千字文》。他的行、楷、草笔势挺劲飘逸，富有鲜明个性。

《秾芳依翠萼诗帖》，大字楷书，为宋徽宗瘦金书的杰作。笔法犀利，铁画银钩，飘逸劲特，正如帖后清陈邦彦跋文所述："宣和书画超

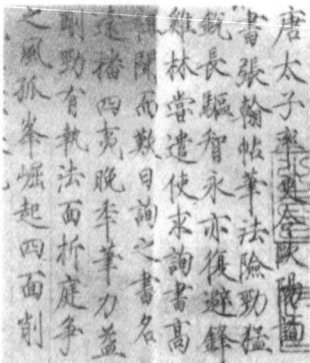

赵佶《赞欧阳询季鹰帖》书法作品

轶千古，此卷以画法作书，脱出笔墨畦径，行间如幽兰丝竹，泠泠作风雨声，真神品也。"

《草书千字文》是他 40 岁时所书。字写在 3 丈多的泥金云龙笺上。书承张旭、怀素，笔势流畅尖利，方圆转折强烈，所不同于楷书的是，此卷中也运用了一些粗笔，以增强其气势的对比，当然其细笔游丝仍是其绝技，所谓"细如丝发亦圆"，良笔佳纸也为书法更增加了几分神采。赵佶草书不多见，此洋洋千言的狂草，可见其功力之深，在宋人草书中也是落落不群。

宋徽宗的书法不免柔媚轻滑，这也许是时代和他本人的艺术修养所致，但他首创的瘦金体的独特的艺术个性，为后人竞相仿效。

张择端作《清明上河图》

北宋末年，画院待诏张择端作《清明上河图》，再现了 12 世纪中国城市生活的方方面面，反映了当时社会生活和物质文明的广阔性与多样性。

张择端，字正道，东武（今山东诸城）人。年少时，读书。后游学京城汴梁（今河南开封），开始学习绘画。他工于界画，特别擅长舟车、市桥、郭径，自成一家。有《清明上河图》、《西湖争标图》等作品名于世。

《清明上河图》是著名风俗画作品，绢本，长卷，淡设色，卷宽 24.8 厘米，长达 528.7 厘米。"清明"指农历清明节前后，一般认为该图是描写北宋京城汴梁及汴河两岸清明时节的风光。

全画结构共分 3 段：首段写市郊风景，寂静的原野，略显寒意，渐而有村落田畴，嫩柳初放，有上坟回城的轿、马和人群，点出了清明时节特定的时间和风俗。中段描写汴河，汴河是当时中国的南北交通干线孔道，同时也是北宋王朝的漕运枢纽，画面上巨大的漕船，或往来于河上，或停泊于码头。横跨汴河有一座规模宏敞的拱桥，其桥无柱。以巨木虚架而成，结构精巧，

《清明上河图》中描绘的市景街道

《清明上河图》中描绘汴河两岸清明时节的市井风光

《清明上河图卷》，张择端画。

形制优美，宛如飞虹。桥的两端连着街市，人们往来熙熙攘攘，车水马龙，与桥下繁忙的水运相呼应，是全图的第一个热闹所在。后段描写市区街景，以高大的城楼为中心，街道纵横交错，各种店铺鳞次栉比，有茶坊、酒肆、脚店、寺观、公廨等。有沉檀栋香、罗锦匹帛、香火纸马，有医药门诊、大车修理、看相算命、修面整容，还有许多沿街叫卖的小商小贩。街上行人摩肩接踵，络绎不绝，男女老幼，士农工商，无所不备。

作品采用了传统的手卷形式，从鸟瞰的角度，以不断推移视点的办法来摄取景物，段落节奏分明，结构严密紧凑。全卷共有人物500余，牲畜50余，船只、车轿各20余，安排得有条不紊，繁而有序。各种人物衣着不同，神态各异，劳逸苦乐，对比鲜明，按一定情节进行组合，富有一定的戏剧性矛盾冲突，使人读来饶有兴味。

至于笔墨技巧，无论人物、车船、树木、房屋，都线条遒劲老辣，兼工带写，设色清淡典雅，不同于一般的界画。《清明上河图》在艺术手法和处理上，具有高度的成就，在内容上，真实地反映了当时城市社会各生活面，具有重要的历史文献价值。

《清明上河图》以全景式的构图，严谨精细的笔法，展现了 12 世纪我国都市各阶层人物的生活状况和社会风貌，是一幅写实主义的伟大作品，把社会风俗画推进到更高的阶段。

赵佶发展宋画院

北宋末年，徽宗赵佶重视绘画艺术。在他统治期间，丰富皇室收藏，扩充翰林图画院，完善画院体制，提高画院地位，改善画家待遇，形成一时之盛，出现了两宋画院中最为繁荣昌盛的局面。

为了培养宫廷绘画人才，徽宗于崇宁三年（1104 年）设立画学，隶属国子监，成为国家培养画家的最高学府。画学共分 6 科，即佛道、人物、山水、鸟兽、花竹、屋木 6 个专业画科。

宋徽宗不但自己作画，还亲自指导画院的学生学习。他对于画院的花鸟画，特别强调描绘对象的真实性，比如他要求画月季花，要表现出四时朝暮

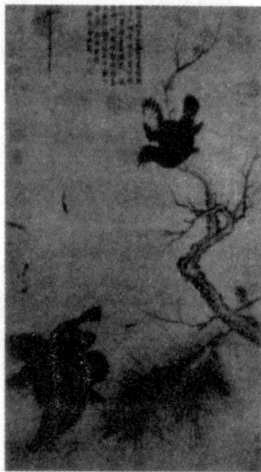

《鸲鹆图轴》，赵佶画。

花蕊枝叶的不同；画孔雀升墩，要看清楚先举左腿还是先举右腿。所以，宣和画院的花鸟画受到这一要求的影响，多崇尚细腻生动的画风。至于他自己的作品，则多为水墨花鸟画，描绘工细入微，设色匀净，富丽典型，笔墨精妙，神形逼真。赵佶的传世作品很多，如《瑞鹤图》《芙蓉锦鸡图》《柳鸦图》等，这些作品风格多样，艺术水准精湛绝妙。

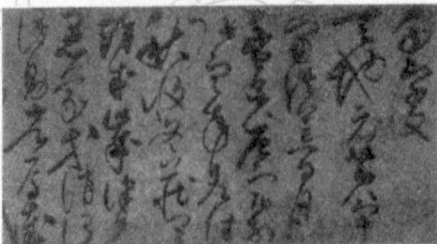

赵佶《千字文》书法作品

《柳鸦图》，赵佶画。

在书画保护方面，赵佶对宫内的旧藏进行重新装裱，并亲自为书画题写标鉴；同时，对一些古代绘画资料进行临摹复制，如摹制《虢国夫人游春图》等。在书画利用上，赵佶曾举行一次盛大的内府收藏书画展览大会，邀王公大臣集体观赏。他还用古书画进行教学，培养画家。他每隔10天，即将御府的图轴两匣，命太监押送到画院中，让画院中的学生观摩学习。

在整理著录上，赵佶令人将宫内收藏书画编摹成《宣和书谱》和《宣和画谱》两部书。《书谱》按帝王诸书和篆、隶、正、行、草5种书体，记录了197名书家小传及1240余件书法作品。《画谱》分道释、人物、宫室、龙鱼、山水、鸟兽、花木、墨竹、蔬果9门，记录了231名画家小传及6396幅作品。这是我国第一次较为完全系统地记载宫廷书画收藏的著录书，在中国书画史上占有重要地位。

宋徽宗注重画院，兴办画学，推动了中国美术事业的蓬勃发展。

王希孟及二赵画青绿山水

北宋末徽宗时，画色艳丽的青绿山水重新出现，且在画院中占有一席地位。北宋末年的王希孟和南宋的赵伯驹、赵伯骕兄弟是最有成就的青绿山水画家。

王希孟画史无载，据说他原是国子监画学中的生徒，后进入宫中文书库，是宋徽宗时宫廷画家，曾受到徽宗指授，十八岁画出传世名作《千里江山图》，不幸早逝，年仅二十余岁。《千里江山图》（故宫博物院藏），横 1191.5 厘米，纵 51.5 厘米，绢本，设色，是

《千里江山图》，王希孟画。

古代青绿山水中的鸿篇巨作。该图用重清绿画连绵不断的江山，点缀以村舍寺观、疏林丛竹，描写精细入微，而气势也宏壮开阔。全画不露墨笔而用石青石绿等染出山石花木，颜色艳而不浮，整个画面色彩璀璨夺目而又沉厚协调。这种几乎全不见墨和却以颜色染出山水在此之前从未见过。该图构图合理，令人观之有身临其境之感，用笔工细而不拘板，成功地表现了江河树木等自然形象和广阔空间。

赵氏兄弟擅长画青绿重彩山水，兄赵伯驹，字千里，弟赵伯骕（1123年—1182年），字晞远，为宋朝宗室。赵氏兄弟的传世作品不多，《江山秋色图》传为赵伯驹所作，该图绢本、设色，横 324 厘米，纵 55.6 厘米，藏于故宫博物院。此图用青绿设色，用色淡而透明，不掩下面的皴笔，称"小青绿"。全卷山回路转，江河透逦，间以竹林、树木、楼观、屋宇、桥梁，是富丽精细的全卷山水。与《千里江山图》相比，此图没有开阔的江天却以险峭幽深、曲折可游取胜，用笔极精细，笔法更老练，工细明艳之余兼有秀润沉稳之态。

《千里江山图》和《江山秋色图》这两幅作品为青绿山水的代表作，不仅仅在宋代，甚至宋以后所见的画青绿山水都极少达到这么高的艺术水准，这两幅作品堪称"丈青绿"、"小青绿"山水的精品。

李唐绘画承前启后

《万壑松风图》，李唐画。

南宋画家李唐一变北宋山水画风格严谨的格局，开启南宋水墨山水画笔墨苍劲、造型简洁的新面貌，在两宋绘画史上起到承前启后的作用。

李唐，字晞古，河阳（今河南孟县）人。北宋徽宗时画院画家，金兵攻破汴梁后，他辗转到了临安（今杭州），流落街头，以卖画为生。建炎年间，得到太尉邵宏渊推荐而重入画院。李唐之画，颇得宋高宗赵构赏识，认为可与唐代著名画家李思训的金碧山水相媲美。

李唐擅长于山水、人物、禽兽、界画，尤精于水墨山水和人物。山水师法于荆浩、关仝、范宽而有所变化。山石四面厚峻，山顶林木茂密，墨气厚重，皴法老硬，用笔刚劲缜密，再现了北方山水的峭拔雄浑。到江南以后，用墨更加淋漓畅快，爽利简略，以表现江南的山明水秀，云烟变幻。在布局上，多取近景，突出方峰或崖岸，他改变了以往全景式山水的构图法，采取了顶天立地的方式，突出描绘自然山水的一角。这些都开宋代山水画新风。李唐的人物画表现了强烈的感情，寄托对祖国河山的眷念和复仇雪耻的愿望。

李唐作品现有《万壑松风图》、《长夏江寺图》、《江山水景图》、《采薇图》、《晋文公复国图》等。

《万壑松风图》作于1124年，时年李唐已70高龄。这是李唐反映北宋时期山水画面貌的作品，画面正中主峰高峙，峭壁悬崖间有飞瀑鸣泉、白云缭

绕，茂密高大的松林，郁郁葱葱，整个景物逼人眉睫，加上笔墨爽健苍郁，给人一种气势磅礴的感觉。赞颂了大自然的雄壮之美。

《江山水景图》与此图格调接近，但笔墨更为简练老健。

《采薇图》，李唐画。

《长夏江寺图》今藏北京故宫。绢本，青绿重设色，但仍以墨笔勾皴为主，勾勒挺健多断折，皴笔横劈竖砍，放纵自由，以大斧劈皴和青绿着色相结合，这是一处大胆的创造，后人称其手法为"斧壁皴"。

《采薇图》是其人物故事画代表作，绢本，水墨减设色。描写殷贵族伯夷、叔齐不食周粟，隐居首阳山采薇为食的故事，作者选取了他们采薇中休息的瞬间，伯夷抱膝而坐，双目凝注，叔齐身体前倾，似在讲话。通过人物姿态与面部的刻画，表现一种坚强刚毅、不折不挠的性格。右边古藤缠绕松，左边枫树奇崛如铁，有力地烘托了两人会心交谈的悲壮场面，此图在中国古代人物画中，是一件不可多得的成功作品。

李唐对稍晚于他的刘松年、马远、夏圭等人的绘画创作影响很大。南宋画院水墨苍劲一派，李唐实为开拓者，后人将他列南宋四家之首。

米友仁善画江南

1153 年，宋代画家米友仁去世。

在北宋末南宋初，米友仁以他著名的江南山水画活跃在画坛上。

米友仁（1074 年—1153 年），字元晖，小字虎儿，米芾之子，世人称其为"小米",太原人。19岁时作《楚山清晓图》受到徽宗赵佶的赏识,此后名声大噪。宋室南渡后,米友仁曾任兵部侍郎等职。

米友仁上承家学,尽管书法上不比乃父,但却继承和发展了其父的画风,山水画尤为精绝:"点滴烟云,草草而成,而不失其天真,自题为墨戏。"他特别注意写生,在自然的山水中寻找灵感。所绘之画题材多为表现湿润多雨、烟雾弥漫的江南山水,给人以朦胧缥缈之感,其友翟耆年有诗云:"善画无根树,能描濛潼云",道出了米友仁水墨山水画的特点。传世作品有《云山小幅》、《潇湘奇观图》、《潇湘百云图》等画卷。

《云山小幅》是一纸本方幅。画山头和坡石以皴染、勾勒为主,树木则用浓墨画干,用湿笔点叶,又留出空白表现烟云,虽然草草而成,却尽得率意天真之笔。《潇湘奇观图》是一水墨纸本长卷。画连绵不断的云山,山头反覆皴渲,上加浓淡墨点;树木有干无根,似悬浮地上,再以湿笔点叶,以笔尖点树顶枯梢;整个画面显得浑茫模糊,不露笔踪而意境俱在。

在"二米"之前,山水画崇尚精确细致表现客观景物,米友仁在运用简率的泼墨来表现江南烟云迷漫的山水境界有较大的突破,其脱略形似、放浪于规矩法度之外立意去表现江南迷濛云山烟雨的画风,对元以后的文人画产生了深远的影响。

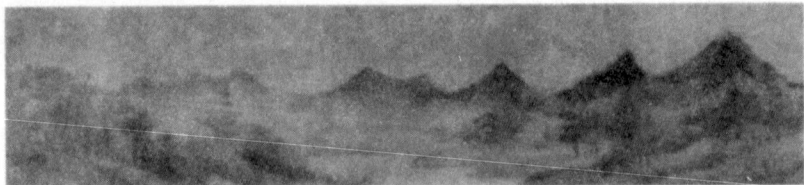

《潇湘奇观图》,米友仁画。

《潇湘奇观图》,米友仁画。

杨无咎画村梅

南宋初年，文人画家杨无咎对村梅心有独钟，所画墨梅，可谓一枝独秀。

杨无咎（1097年—1169年），字补之，江西清江人，号"逃禅老人"。为人正直耿介，一生无意仕途。南宋初，因不依附权臣秦桧，"累征不起"。工于书法，善于词句，精于绘画，擅长用水墨写梅竹、松石、水仙，尤以墨梅著称于世。

杨无咎画梅师宗仲仁。仲仁是北宋末年以善画墨梅著称的花光和尚，由于偶见月光将梅花影子映照在纸窗上，就创造出以墨晕作梅花的画法。杨无咎继承其法并有所变化，创造出一种用细线圈花的画法，取材多为山间水滨的野梅，疏枝冷蕊，具有荒寒清绝之趣。他这种淡墨白描的画梅方法，更能表现梅花的清妍之态。然而，他这种"野逸"格调的墨梅与宫廷画家笔下珍奇富丽的"宫梅"相比，风格趣味迥乎不同。传说宋高宗曾把他的作品贬称为"村梅"，他遂自题为"奉敕村梅"，由此可领略到他那凌傲霜雪的腊梅品性。

杨无咎的传世作品主要有《四梅图》、《雪梅图》、《孤竹图》等。

《雪梅图》，杨无咎画。

《四梅图》是纸本水墨长卷，画未开、欲开、盛开、将残四枝梅花。粗枝用焦墨飞白画成，枝梢以饱笔一挥而就，梅花用淡墨笔尖轻轻点缀，在水墨枝干映衬下，显得十分皎洁清丽，整个梅花的山野自然之态跃然纸上。

《雪梅图》绘野梅、疏竹，浓墨写干，细笔勾花，淡墨烘底，留下空白表现雪梅花，黑白对比分明，生动地传达出梅花的清肌傲骨。

杨无咎的村梅，不仅创立了墨梅新派，还推动了文人水墨画的新发展。当时仿学他的人很多，形成一股新的画风，元末明初著名的墨梅画家王冕与他有着不可分割的渊源关系。

杨万里创诚斋体

杨万里（1127年—1206年），字廷秀，号诚斋，吉州吉水（今属江西）人，世称诚斋先生，南宋杰出诗人，诗与尤袤、范成大、陆游齐名，号称"中兴四大诗人"。

《杨万里诗意图轴》，明代周臣作。

杨万里于南宋绍兴二十四年（1154年）考中进士，曾任秘书监，官至宝谟阁学士。他秉性刚直，屡次上疏指责朝政，忤逆权相韩侂胄，罢官家居15年，忧愤而死。

杨万里的诗初学"江西体"，中年后焚尽所作千余首，转而学王安石及晚唐诗，终于独立门户，自成一家，时称"诚斋体"。时年51岁。

诚斋体的形成，与杨万里提倡的"活法"有关，立足点是师法自然，善于捕捉稍纵即逝、转瞬即改的自然情趣，巧妙地摄取自然景物的特征和动态，并用生动、活泼而富有变化的语言表现出来。诚斋体的另一个特点是幽默诙谐，这主要继承了陶潜、杜甫、苏轼等人诙谐打诨的作风，并加以发展。如《嘲蜂》《嘲蜻蜓》《嘲稚子》《嘲星月》等，大自然的一切，均可入诗，而且都富有幽默感。

诚斋体另一个特点是语言平易浅近，自然活泼，这比起江西诗派的生词拗句显然是一种大胆的解放。杨万里也写了一些反映农民生活的诗，如《插秧歌》《竹枝词》等。

杨万里的诗歌理论主要见于《诚斋诗话》中，他强调诗歌的社会作用，表现方法上主要讲的是"活法"，崇尚独创，反对死守规则的模拟之风。

杨万里的成就和贡献主要表现在诗歌艺术风格方面，其"诚斋体"对后世影响颇大，传世作品今存4200多首。他的七言绝句对南宋中后期的江湖派诗人及清代的郭麔等人影响较大。

马远独步画院

南宋时期，马远在山水画的章法剪裁、形象概况及笔墨提炼等方面，都有突出的创造。一时在画院中独领风骚。

马远，字遥父，祖籍河中（今山西永济），移居钱塘（今浙江杭州），宋光宗、宁宗时画院待诏。他的曾祖、祖父、父亲、伯父、兄弟、儿子都是画院画家，他们的艺术实践，对马远的绘画产生过很大影响。他继承家学并吸收李唐画法，形成自己的独特风格。

马远绘画以山水见长，亦工于花鸟、人物。马远的山水画多取材于江浙一带山川景物。在取景上一变山重水复的全景式构图，往往突出一角，其余用渲染

《踏歌图》，马远画。

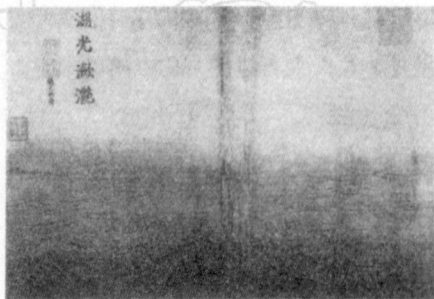

《水图》之"湖光潋滟"

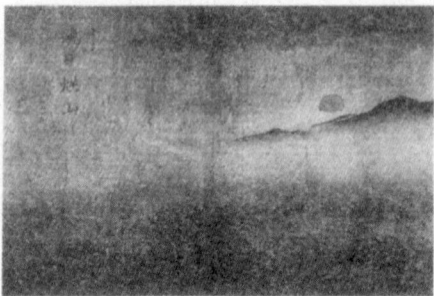

《水图》之"晓日烘山"

《水图》之"黄河逆流"

手法逐步淡化为朦胧的远树水脚、雾雨烟云，并通过指点眺望的画中人把欣赏者的注意力引向虚旷的空间，给人以无限的遐想余地，时人称其为"马一角"。在用笔上，他发展了李唐等人笔墨雄健、沉郁劲强的特色，扩大了斧劈皴法，所画树木杂花，多用水墨夹笔，画山石则用笔直扫，水墨俱下，见棱见角。马远的山水画，优美简洁，富有诗意，把李唐以来的水墨山水发展到了近乎完美无瑕的地步。代表作有《踏歌图》、《水图》、《寒江独钓图》等。

《踏歌图》近处田垄小桥，巨石踞于左角，疏柳翠竹，四位略带醉意的老翁边歌边舞于垄上。远处高峰笔削奇形，树木掩映中城楼隐现，朝霞斜涂。整个气氛欢快、清旷，形象地表达了"丰年人乐业，垄上踏歌行"的诗意。而笔法劲健，构图简洁，不用大斧劈皴，都显示出马远的特色。

《水图》成功地表现了水在不同环境中和气候下的种种形态，共有12种，其中"黄河逆流"、"湖光潋滟"尤为精妙。《水图》很少有其他景物，而是以不同的线条，画出各种水波，使每一幅都有一个完整的如诗一般的意境，显示出作者高超的技巧。

马远与夏圭并称"马夏"，又为南宋山水画四家之一，在当时被赞誉是"独步画院"。他的画风，对明代院体画和浙派绘画都有直接的影响。

梁楷善画人物

　　南宋画家梁楷在前人的基础上大胆创新，其减笔人物画堪称南宋画坛一绝。

　　梁楷，山东东平人，善于画人物、山水、道释、鬼神。南宋嘉泰年间（1201年—1204年）为画院待诏。他生性狂放不羁，常纵酒高歌，不拘礼法，人称"梁疯子"。宋宁宗赵扩曾赐他金带，他却把金带挂在院内而不受。他这种强烈的个性十分鲜明地表现在他的作品里。

　　梁楷作画，师法贾师古，但其画风狂逸，又远过其师。他的绘画风格独特，大致可分为细笔和粗笔两种。细笔尽得李公麟画风，粗笔更是夺人眼目，用中锋时，笔法疾促短劲，极为简练，后人称之为"折芦描"，如《六祖斫竹图》，用侧锋蘸水墨横扫而略去轮廓线时，粗狂豪放，后人称之为"减笔描"，如《泼墨仙人》等。

《释迦出山图》，梁楷画。

　　他的画，后人评说"精妙工笔皆草草，谓之减笔"。从传世作品看，《八高僧故事图》、《释迦出山图》、《泼墨仙人图》、《李白行吟图》等，都是以极其简

《八高僧故事图》（部分），梁楷画。

洁的笔墨、高度集中的概括手法描绘出来的人物风景画。特别是其中的《泼

《八高僧故事图》部分，梁楷画。

墨仙人图》，用大笔蘸墨，草草数笔构列出仙人衣着，如墨泼纸，水墨酣畅。仙人面目，浓墨涂抹混然成形，神气宛然，仙人蹒跚的醉态极为生动传神。人物形象奇古，用笔似信手而成。《八高僧故事图》画禅宗八位高僧，每人一图，连为长卷。每图用古拙幽默兼有夸张的面貌表情，回曲婉转的衣纹剪裁精炼，幽暗诡异的景物，表达禅宗卓异古怪的行径和含蕴的机锋哲理。《李白行吟图》寥寥几笔，意溢神足，使得诗人李白洒脱飘逸的形象跃然纸上。

梁楷的绘画开创了南宋人物画笔墨简洁、水墨苍劲的新画风，对后来的牧溪、龚开及元明清的文人画，甚至日本室町时代的绘画都产生过不同程度的影响。

法常画法自然

南宋末年，画家法常和尚泼墨、焦墨并用，湿笔燥笔兼备，纵横恣肆，脱略细节，任其自然，尽求物像神髓，于画坛独树一帜。

法常（生卒年不详），号牧溪，四川人，南宋理宗、度宗时（1228年—1274年）为杭州西湖长庆寺僧人。他秉性正直，蔑视权贵，曾因出言攻击权奸贾似道而受到追捕，不得不逃避到绍兴丘姓家。元吴大素《松斋竹谱》说他"圆寂于至元间"。

法常绘画以水墨为主，上承梁楷画法的余韵，技法更加娴熟。据说他"喜画龙、虎、猿、鹤、禽鸟、山水、树石、人物，不曾设色，多用蔗渣草结，又皆随笔点墨而成，意思简当，不费妆缀，设松竹梅兰，不具形似，荷芦俱有高致"（吴大素《松斋梅谱》卷十四）。

《猿图》，法常画。

法常的传世作品很多，现珍藏于日本的有《观音图》《猿图》《鹤图》《罗汉图》《松树八哥图》五件真品，国内还有他的《写生蔬果图》《花果翎毛图》等。

流传于日本的真品是南宋理宗时来华的日本僧人带回的。尤其是猿、鹤、观音三图更为其中精品。观音仪态端庄，面容祥和；鹤之轩昂悠闲，高脚灵跷；子母猿亲密相依，平静栖息于枯枝之上。皴染间用，墨法滋润，具有很强的表现力。

法常善画佛像、人物、山水、花鸟，画艺广博。但他在元初时还不能为时人看重，夏文彦斥责说他的画"粗恶无古法，诚非雅玩"。然而他的作品在日本却被视为"国宝"，对日本的水墨画影响很大。

王庭筠书法独步金代

王庭筠，字子端，号黄华老人，熊岳（今辽宁熊岳）人，米芾的外甥，金大定十六年（1176年）进士。明昌三年（1192年）召为翰林学士文字。与秘书郎张汝方品第法书名画，不久迁升翰林修撰。在文学、诗画方面都有突出成就。绘画师承任洵，书法受米芾父子的影响颇深，在金代书法家中称得

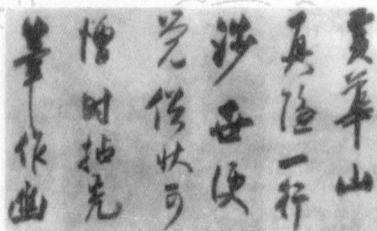

王庭筠《幽竹枯槎图卷题辞》书法作品

上杰出代表。

王庭筠善画古木竹石，七言长诗以造语奇怪著称，很有个性。《黄华麻》是其诗作汇集，深厚的文学功底和绘画功底，使他的书法艺术成就不俗。

王庭筠书法师承米元章、王羲之，从他的《重修蜀先主庙碑》可以看得出，他在晋、唐碑版上的功力很深，兼得王、米的妙处。他的书法沉顿雄快，极有风致，与当时的赵沨、赵秉文均位列名家。

王庭筠传世墨迹极少，多数遗失，代表作有《幽竹枯槎图卷题辞》、《李山画风聚杉松图跋》、石刻字迹《重修蜀先主庙碑》、《博州重修庙学记》。

《重修蜀先主庙碑》以行楷写碑，直承宋人余渚。明人胡翰说他"书法气韵似米南宫，妙处不减晋人"，有的甚至说他"高淡如张从申，劲媚如柳诚悬，于宋四家外别树一帜"。

在当时文化并不十分发达的金国，王庭筠能得到如此的赞誉，实属不易，在金国书坛上独领风骚，也无可厚非。

赵秉文为斯文盟主

金室南迁之后，赵秉文与杨云翼同掌文坛，号为"斯文盟主"。

赵秉文（1159年—1232年），字周臣，晚号闲闲老人，金磁州滏阳（今河北磁县）人。是金代文学家、思想家。他是金一代文宗，研治经史兼善诗文，为天下士人所景仰。

赵秉文平生以道学自居，提介孔孟，思想源于韩愈和二程，道又不离开人而客观存在，它存在于人的心中。人们要认识道，不必远求，应从自身下

南宋《孝经图》，彩绘历代节孝故事

功夫。只要务学求知，使天理日明，人欲日消，就能达到圣贤境界，这与程朱灭人欲、存天理的思想是一致的。他认为"君臣、父子、夫妇、朋友"之间的关系同"道"是一体的，离开这些，道就不成为道。他提倡"慎独"、"养诚"的修养方法，要人对道诚惶诚恐，恪守不移。他的这些学术思想得到当世学者们很高的评价，大都认为他的学说是最纯正的儒学。其实，他对佛道也有所得，不过以儒为主，来生推崇儒学，愿为纯儒。因此，他虽多因袭周程之学，没取得新的进展，但大大地推进了儒学的北传，代表了金代儒学思想发展的最高水平。他著述宏丰，考订诸经诸子达 9 种 41 卷之多。其文师法欧阳修、苏轼、崇尚平易。著有《闲闲老人滏水文集》、《易丛说》、《中庸说》、《论语孟子解》等。

李衎画墨竹

李衎（1245 年—1320 年），蓟丘（今北京）人，字仲宾，号息斋道人，是元代较早的文人画竹名家。他曾在太常寺为吏，官至吏部尚书、拜集贤殿大学士，死后追封蓟国公，谥"文简"。

李衎是元初北方文化系中最重要的画家之一。到过一些著名的产竹区，深入观察过各种竹子的生性和姿态，撰写成《竹谱详录》7卷，详述竹子的品种和画竹的技法，对后世影响很大。他说画竹有两种方法，一种是双勾填绿，学五代的李颇；一种是墨笔写竹，学北宋文同之法。李衎画竹好取全景，多以雨、雪等自然现象的变化来渲染气氛，衬托竹子坚韧刚直的个性。在他的传世作品中，墨竹以《梧竹兰石四清图》最为著名。此图前半画慈竹和方竹各一丛，形态和叶序都画得很准确，表现出他观察和写实水平很高；画卷后半的兰竹飘逸出尘，梧石潇洒浑厚，笔法秀雅，墨彩滋润，是元人墨竹中最杰出的作品之一。李衎的双勾填绿竹风姿秀美，竹叶密而不乱，叶身叶尖的着色都有变化，装饰效果很强，可以《双勾竹图》和《沐雨竹图》代表。《沐雨竹图》中在倾斜的竹杆和下垂的竹叶上似乎可见下滴的雨珠，十分生动自然。李衎还擅长画松石古木，有《双松图》传世。他的儿子李士行也是画竹名家，作有《乔松竹石图》等。

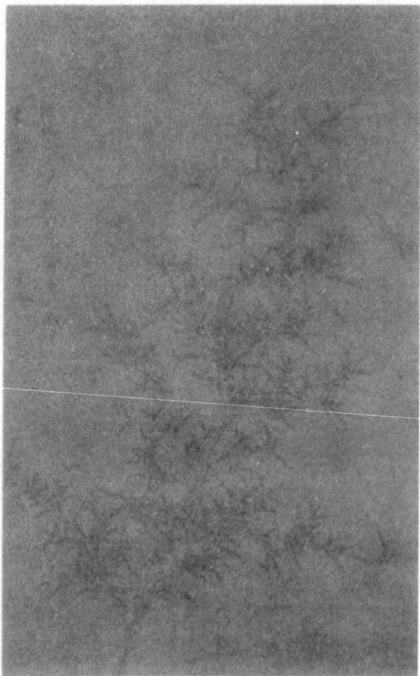

新篁图（轴部分）。此幅墨竹真实、生动、自然，充分体现出李衎敏锐的观察力和写实技巧。

竹石图（轴部分）。是李衎双钩设色画竹的优秀之作。

米氏云山派流传

金代风行一时的由宋代米芾、米友仁开创的云山墨戏，成为元代米氏云山的来源。元代承传米氏云山的画家众多，如高克恭、方从义、龚开、郭军、张羽等，其中最有成就的是高克恭和方从义。高克恭（1248年—1310年），字彦敬，号房山道人，维吾尔族，官至刑部尚书。平生酷嗜书画，又爱江南山川，与当时文人画家交游甚广，是一个学识渊博的少数民族画家。他善绘山水，融合米氏云山兼取董、巨皴染而自成一家，亦擅画墨竹，常绘山色空濛、烟云峰峦之景，并用疏树、屋宇点缀其间，画风秀润清丽、俊朗厚实。代表作有《云横秀岭图》轴、《春山晴雨图》轴等。他的墨竹学习王庭筠，当时被称赞为"尚书高妙无敌"，他的《墨竹坡石图》画的坡石双竹笔法沉厚，是一幅难得的佳作。他曾多次到江南任职，后又在杭州定居，对南北绘画的交流起到了积极的作用。

方从义（约1302年—1393年），字无隅，号方壶，是江西贵溪人，上清宫的道士。他的画意出自董、巨和二米，所画的云山笔致跌宕放达，迹如粗头乱服，野朴不驯，狂放潇洒。其传世之作有《山阴云雪图》轴、《高高亭图》轴、《武夷放棹图》轴和《神岳琼林图》轴等。

《云横秀岭图》，此图画层峦高岭，溪桥疏树。上下峰峦及近景坡石树木之际，间以白云朵朵，从而掩去大山给人的窒息之感，并增加了景物的深度，使画面元气浑沦。整幅画设色明丽、笔墨精妙、用笔灵活。山石多用米点皴，但又揉进新的变化，如山巅的"矾头"，水边的卵石以及米点之下的"披麻皴"。说明高氏并非刻板效学二米写烟雨林峦，还吸收了董源、巨然山水画的长处，以丰富自己的技法。

何澄进呈界画

何澄《归庄图》卷（部分），画陶渊明《归去来兮辞》意。

何澄（1223年—1312年），元朝大都（今北京）人。世祖时，以画艺待诏宫廷。至元二十五年（1288年），曾画《陶母剪发图》。至大初年建兴圣宫，皇太后命何澄主管绘画事宜。接着，何澄以秘书监进入仕途。皇庆元年（1312年），何澄进呈界面《姑苏台》、《阿房宫》、《昆明池》三图，被授以昭文馆大学士、中奉大夫，时年已90。他的弟子刘仲谦也是当时京城名画家。何澄的传世作品有《归庄图》。

王冕诗画自成一格

王冕（？—1359年），字元章，号煮石山农，会稽（今浙江绍兴）人，元代诗人、画家。他出身贫寒，7岁放牛时就好读嗜画，学问很深但却屡试不第，仕途失意后更增加对元代腐朽统治的憎恶，返乡后以卖画为生，寄愤情于画墨梅，成为元代画墨梅最有新意，成就最高的画家。他曾自题《墨梅图》卷："我家洗砚池头树，个个花开淡墨痕；不要人夸好颜色，只留清气满乾坤。"显示了画家超脱俗世的个性。他画梅学习了宋华光和尚与杨无咎，后自成一体，创"以胭脂作没骨体"，又创"密梅"的新画法，撰有《梅谱》，详论画梅渊源和画法要点，后人画梅多从中吸取有益之法。他的传世作品有水墨点瓣和白描圈瓣二体，前者以《墨梅图》卷为代表；后者以

王冕的《墨梅图》卷。此卷画一枝报春的梅花，花瓣用墨染成。全画生气盎然，清新悦目。

《墨梅图》轴为代表，此图画一倒垂老梅，疏花秃枝，满幅充溢着嫩俏清寒的冷峻之气。王冕所作的梅花不论点瓣、圈瓣，都画得枝梢挺秀纤细，呈富有弹性的孤线，上缀密蕾繁花，在清妍中透露出旺盛的生机，和宋代人所画的铁杆疏花、有苦寒之态的梅花有所不同，所以《图绘宝鉴》中评价他的作品是"万蕊千花，自成一家"。他有时在画白描圈瓣梅花时还把背景全部用淡墨染暗，比宋代汤正仲的"倒晕"更能衬托出梅花的高洁，所以当时人称赞他的作品有"上有万点冰花明"之句，都表明了他画梅的独到之处。明魏成宪也曾夸赞他画梅花："山农作画同作书，花瓣圈来铁线如；真个匆匆不潦草，墨痕浓淡点椒除。"王冕的墨梅确实取得了很高的艺术成就。

王冕出身农家，长期生活于民间，在元末阶级矛盾日益尖锐的情况下，还写了许多反映社会现实的诗。其诗作集中保存在《竹斋诗集》（4卷）及附

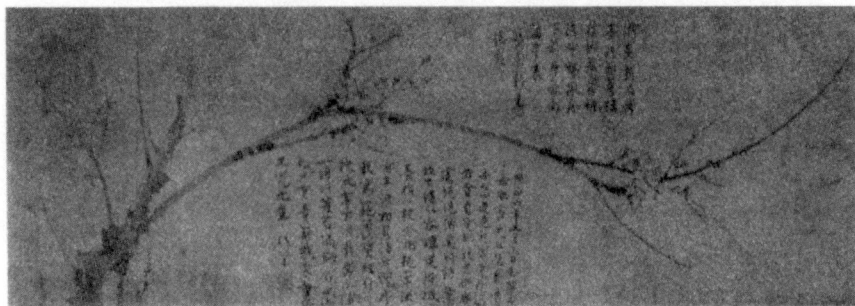

王冕的《墨梅图》卷。写出野梅清疏的风姿，笔墨精炼蕴藉。梅花的画法，发挥了杨无咎"笔分三真趱成瓣"的圈花法，改一笔三顿挫为一笔二顿挫，花须花衣随意点簇，颇为洒脱。

录（1卷）中，诗作的思想内容较为丰富，主要表现对人民生活疾苦的同情，对权贵的腐败骄奢的谴责，以及对功名利禄的轻蔑。如《伤亭尸》中用"天明风启门，僵尸挂荒屋"的凄惨景象，写出了一个盐民在课税催逼下全家丧亡的悲剧。《痛苦行》中"京邦大官饮酒肉，村落饥民无粒粟"；《江南民》中"淮南格斗血满川，淮北千里无人烟"，都大胆揭露了社会弊端，较为深刻。而在《对景吟》中写"五陵年少郎，卖田去买青楼娼"，则揭露了官僚地主的荒淫无耻行径。而对黑暗的现实，他不愿同流合污，常借咏梅以表现自己不甘随俗沉浮的品格志向。如《白梅》中"冰雪林中著此身，不同桃李混芳尘。忽然一夜清香发，散作乾坤万里香"。他的诗风质朴豪放，善于运用对比手法，在元代诗歌中属上乘之作。

王冕的诗画所取得的思想和艺术成就都很高，而且自成一体，风格独具。

赵孟頫影响江南画坛

赵孟頫的地位和艺术造诣使他成为元代画坛的中心人物，很多画家与他都有师友关系，他的绘画实践和艺术主张集中体现了元代文人画在继承宋金基础上的新发展，对当时和后世绘画都有巨大的影响。尤其是江南画坛，受他影响的山水画家更是为数众多，有的得到他亲授，有的受他的举荐而入仕，

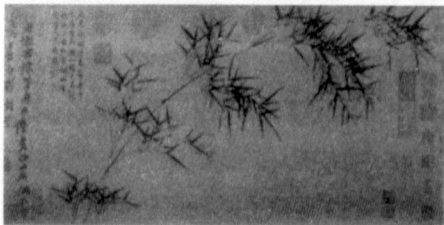

倪瓒的《竹枝图》卷。一枝新竹向上倾斜，疏疏朗朗，秀嫩可爱。用笔潇洒，构图新奇。

如曹知白、朱德润、唐棣等，在传承北宋李成、郭熙的笔墨和艺术风格上取得了突出的艺术成就。

唐棣（1296年—1364年）字广华，幼有"神童"之誉，是浙江湖州人，曾得到赵孟頫亲授，官至吴江知州。他吸取了北宋山水画的

吴镇的《芦花寒雁图》轴。图中芦苇、渔舟用细笔勾描，远树滩头随意点染，笔法灵活，水墨湿润，意境幽深。

唐棣的《松荫聚饮图》轴，生动地表现村民野老酒酣兴豪的生活乐趣。此图岗峦坡石笔墨圆润婉和，颇有赵氏遗法。

坚硬笔法，画风清朗华润，擅在画中点缀人物，表现江南的渔家之乐。代表作为《霜浦归渔图》轴和《雪港捕鱼图》轴。

曹知白（1272 年—1355 年）字贞素，号云西，华亭（今上海松江）人，为江南巨富。他的山水画受赵孟頫影响极深，趋向北宋李成和郭熙的寒林笔意，兼得董、巨笔韵，画风疏秀清雅，笔墨简洁枯淡，常画松自比品性高洁，如《双松图》轴和《双松平远图》轴；也擅长画庭院内外的风光，如《群峰雪霁图》和《疏松幽岫图》等。

朱德润（1294年—1365年），字泽民，号睢阳散人。早年受赵孟頫举荐做官，英宗死后隐居30年。其画承赵孟頫的文人意趣，多写文人学士在山林里的游赏闲居和雅集活动，所画林木疏秀苍润，笔势劲逸奔放，如《秀野轩图》卷、《松溪放艇图》卷和《林下鸣琴图》轴等。

此外，师从赵孟頫，受他影响的画家还有陈琳、郭界、张雨等，而以元四家的艺术成就为最高。

三宋书法承元人

"三宋"是由元人明的三个著名书法家：宋克、宋璲、宋广。他们主要活动在明太祖洪武年间。他们的书法主要是继承元人的传统，讲究字体的外形之美，即"尚态"。

宋克草书《急就章》

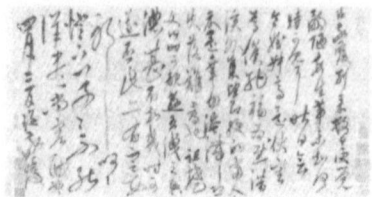

宋璲草书《敬覆帖》

宋克（1327年—1387年），字仲温，号南宣生，长洲（今江苏苏州）人，曾任凤翔同知。他是明初第一位著名书法家，擅长真、行、草、章草等书体，尤其以章草名动一时。他的楷书师法钟繇，行草取法于王羲之，章草则专学皇象的《急就章》。《草书急就章》卷（故宫博物院藏）就是临写皇象的代表作，作品融今草与行书的特点，显示出有别于古章草的健美格调。宋克的章草书法上承元代书法家的余绪，使得魏晋以来的古章草书法得到复制和发展。从他的作品中可以看出，他变古章草的扁方字形为长方体势，变圆厚古拙的用笔为挺拔瘦劲的笔划，使章草这种书体呈现新的意趣。

宋璲（1344年—1380年），字仲珩，浦江（今浙江金华）人，是明代开国名臣宋濂之子，官至中书舍人，因涉胡惟庸之案被杀。他擅长于真、隶、篆、草书，其小篆之工，被誉为明朝第一。他的小楷也端谨婉丽，风姿娴美；行草书则结体修长，笔画瘦劲，善于在迅疾的运笔中结势，发展了康里氏笔法的遗意，也不时地采用章草书笔法的波磔，以增强其健美之姿。他的传世真迹仅有《敬覆帖》（故宫博物院藏），笔法圆熟遒媚，游刃自如。

宋广（生卒年未详），字昌裔，河南南阳人，官至沔阳同知。他是专以行草书而名世的书法家。宋广的笔法多取瘦劲，长于结势，他所临怀素的《自叙帖》用笔纵横奔放，如走龙蛇，真可谓达到了从心所欲而不逾矩之境。他的传世作品除了《临自叙帖》之外，还有《草书风入松》、《太白酒歌》（都藏于故宫博物院）。

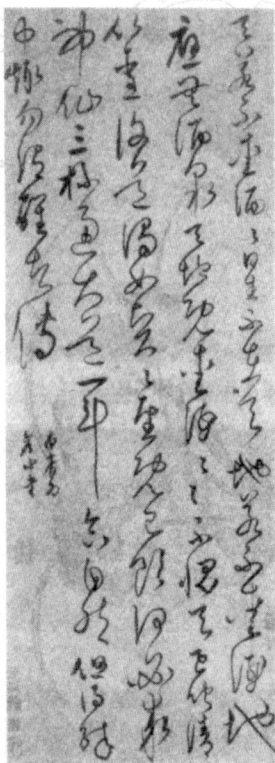

宋广草书《李白月下独酌诗》

王履作《重为华山图序》

元末明初的画坛，崇尚笔墨意趣，注重师承渊源，而忽视了对自然、生活的观察与描绘。这种摹古之风极大地束缚了艺术的发展，王履所作的《重为华山图序》从理论上对这个问题作了精辟的阐述。

王履认为，对于前人的经验和笔法要能有"从"有"违"。所谓"从"就

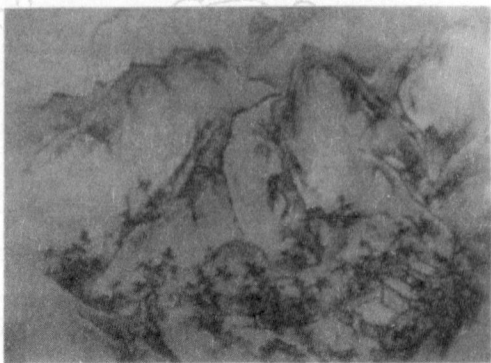

《华山图册》（之一）

《华山图册》（之二）。此图册是王履于洪武十五年（1382年）游历华山后所创作。描绘了华岳三峰奇险峻伟的景色，成功地表现出华山"秀拔之神，雄特之观"及石骨坚凝的特质。笔力挺拔刚劲、深厚沉着，墨气明润，浓淡虚实相生。

是要继承前人优秀的艺术传统，"不大远于前人之轨辙"；所谓"违"，则是指不囿于古人的成法，当"时当违、理可违"时，就要大胆地脱出前人的窠臼，亲身体验自然界，开辟新的艺术境界。

在绘画上的"形"与"神"（意）之间的关系上，王履明确指出二者是不可分的。他说："画呈状形，主乎意。意不足，谓之非形可也。虽然，意在形，舍形何以求意？故得其形者，意溢乎形，失其形者，形乎哉！"他主张对于自然形态要加以取舍，再加以描摹，方能流露出其内在之意。

王履强调发挥艺术家创作的能动性。据说他50岁时攀援天险华山，身边带有纸笔，遇到胜景即描摹下来。对于自然造化的观察与实践，使他真正领悟到"画不神于所仿而神于所遇"的道理。艺术来源于自然造法，真正的艺术家要能够"去故而就新"，深入自然，磨炼、观察与体验，因而他提出了"吾师心，心师目，目师华山"的名言，这是对古代绘画理论的重要发展。

戴进开创浙派

戴进（1388年—1462年），字文进，号静庵。又号玉泉道人。钱塘（今浙江杭州）人。戴进是明代"院体"画中突出代表，也是明代前期称雄画坛的重要人物。戴进在当时被称为"行家第一"，戴进之画派被称为"浙派"，见于董其昌《画禅室随笔》："元季四大家，浙人居其三，江山灵气盛衰故有时，国朝名士仅仅戴进为武林人，已有浙派之目。"张庚《浦山论画》称："画分南北，始于唐世，然未有以地别为派者。至明季，方有'浙派'之目，是派也，始自戴进，成于蓝瑛。"此后戴进在画史中，成为"浙派"的领袖。

戴进以绘画技艺，于永乐、宣德年间两次入宫，在仁智殿供奉，遭同侪的谗忌，郁郁不得志而归杭州故乡，一生贫困坎坷，死后则声望显著。他的画作题材比较丰富，人物、山水、花鸟、走兽，无不精工，有些人物、山水的内容情节充实，富于生活气息，人物个性鲜明。在画法上，主要渊源于南宋李、刘、马、夏"院体"传统，而能融汇范宽、郭熙等北宋各家之长，同时又兼取韵于元人，不是专攻一家一派，而是兼融并包，有所发展和创新。

戴进既能工笔，同时也擅长写意，主要特点是挺拔劲秀，严谨有法，早期人物画《达摩六代祖师像》卷，画法出自李唐、刘松年。笔墨工整劲健，衣纹线条流畅而行笔跌宕，是戴进的精心之作；《钟馗夜游图》大轴则放笔写意，挺健豪放，是中晚年面貌；《洞天问道图》以人物为中心，山石树木为背景，实际上是一幅人物山水画，画法来自"院体"而有所变化；《关山行旅图》略有荆、关遗意，尺幅虽小，气势却显得雄壮；《溪堂诗思图》则是效法郭熙的力作，显得结构严谨，宏伟壮阔；《仿燕文贵山水》，水墨点染，呈米家风范。

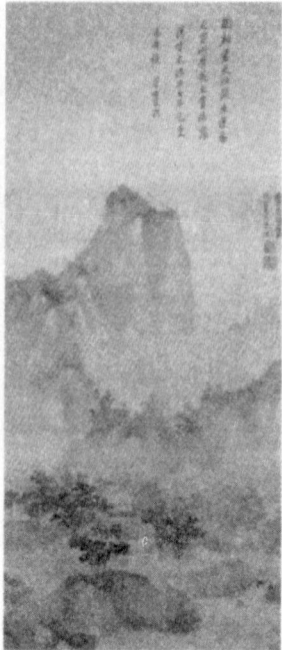

戴进《雪景山水图轴》　　　戴进《仿燕文贵山水轴》　　　戴进《蜀葵蛱蝶图轴》

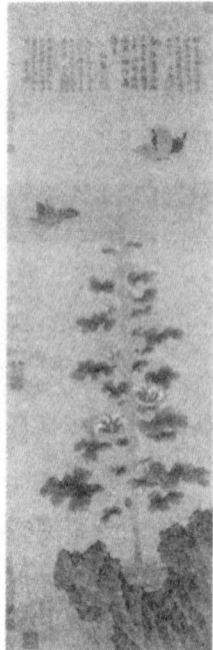

　　所谓"淡荡清空，不作平日本色"者，是他山水画的又一变体，花鸟画《蜀葵蛱蝶图》工细淡雅，有"院体"的笔法功力，而能独具一格。戴进的画，显示了深厚的艺术造诣和多种变化的风格特点。

　　戴进的绘画艺术对宫廷内外产生了广泛影响，有众多的追随者，夏芷、陈景初、吴理、叶澄、钟钦礼、王谔等都师法戴进，其后的"院体"派名家周臣、吴门派领袖沈周，对戴进的画法也有所借鉴。

吴伟领导江夏派

　　吴伟（1459年—1508年），字士英，又字次翁，号小仙，江夏（今湖北武昌）人，幼为孤儿，曾四处流浪，后因善画为王公贵胄所识，先后于成化至正德年间，两次被召入京，作画得到皇帝和上层人士的优厚待遇，声望显赫。但由于他性格不受羁绊，终于离京南下，浪迹江湖，长时间在南京从事艺术活动，正统初，他又一次被召见，未及上路就因饮酒过量死于南京。

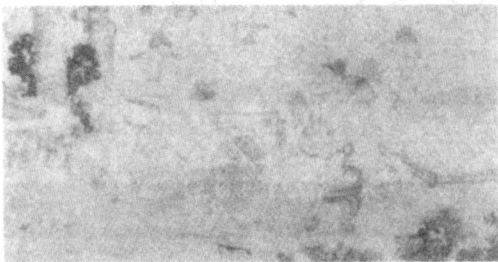

吴伟《词林雅集图卷》（局部）

吴伟《长江万里图》（部分）

　　吴伟擅长于山水、人物画，有粗笔水墨和细笔白描两种互不相同的面貌，画法远师马、夏，近受戴进影响，而有自己独特风格，多作大幅山水人物，笔法豪放挺健，结构简括，水墨酣畅，气势磅礴，现藏故宫博物馆一幅近10米长的《长江万里图》卷是他死前3年所完成的，以辽阔的江水构景，点缀舟楫、江峰山峦、城阙、民舍，气势磅礴，用笔匀染相济，纵横挥洒，"如楚人之战巨鹿，猛气横发，加乎一时"。其白描人物既有师法李公麟的，如《铁笛图》卷、《问津图》卷、《洗兵图》卷，又有取法南京梁楷减笔法的，如《柳荫读书图》、《北海真人像》，后者人物气宇轩昂，飘然物外，富有神采。

　　吴伟虽曾入宫供奉，但大部分时间生活在民间，因此他的绘画艺术对宫廷内外都产生了广泛影响，而在院外的职业画家中，拥有更多的追随者。因为他是江夏人，人们习惯把由他为代表的一批画家称为"江夏派"，直接效法吴伟的职业画家有张路、蒋嵩、汪肇、郑文林、朱邦、史文等，成为后来有别于院体而与吴门画派对峙的一路。

唐寅绘画自成一格

明代有"江南第一风流才子"之称的画家唐寅（1470年—1523年），字子畏，一字伯虎，号六如居士，又号桃花庵主，吴县（今江苏省苏州市）人。出身卑微商贩之家，早年发愤读书，明弘治十一年（1498年）中应天府（今江苏省南京市）解元。会试时却因程敏政泄露试题一事牵连，被投入监狱。正德九年（1514年），他投奔西宁王朱宸濠帐下，后发现朱宸濠对国家有不轨之意，于是返回江苏。后因仕途经历两次坎坷遂转而筑室于桃花坞，潜心诗文书画以终。

唐寅像

唐寅诗文流畅通俗，与祝允明、文徵明、徐祯卿并称"吴中四才子"。书法则师赵孟頫，风格奇峭。绘画上也自呈风貌。他早年师事周臣，主要吸取李唐、刘松年的传统，后博取众长，师古而不泥古，又漫游名山大川，兼之读书多，修养深，阅历多，故而无论在山水画、人物画，还是花鸟画上都能自成一格。其作品既严谨缜密，又清逸洒脱。

唐寅的山水画，一种较多受周臣和李、刘影响，呈院体风貌，代表作品有《骑驴归思图》、《山路松声图》等。另一种山水画多参以元人画法，呈秀润清俊的细笔画风，更多文人画意趣，代表作品有《事茗图》、《毅庵图》等。现代山水画家吴湖帆曾说："六如居士画，昔人论曰'远攻李唐，足任偏师'，而不知其疏宕处得力于夏禹玉甚深。又能以南宋之韵表北宋之骨，正所谓运百炼钢若绕指柔者，发千古画苑奇格，不独与沈（周）、文（徵明）角胜一时也。"在唐寅的画中，笔墨分明而不刻露，浑融而不模糊，和明代一味单纯借鉴南宋画派流于疏狂简率、缺少含蓄全然不同。他的表现技法变易了李唐

唐寅《灌木丛篠图轴》

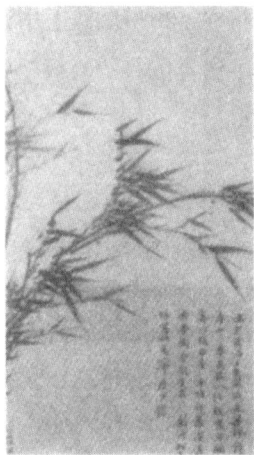

唐寅《风竹图轴》

唐寅《临韩熙载夜宴图卷》(部分)

南宋画派以面为主，以沉雄刚健的斧劈皴法为主的作法，而改为细长清劲的线条或长皴来构图，呈现出一种腴秀明净的装饰味，后人称为"青出于蓝"。

唐寅《洞庭黄茅渚诸卷》

　　唐寅在人物画上也有很深的造诣，题材多绘古今仕女和历史故事，造型准确优美，情态飘洒高雅，许多内容富有讽喻世态之意。早年以工笔重彩为主，用笔精细，设色艳丽，后来又兼长水墨写意，洗练流畅，笔简意赅。所作仕女，尤有特色，对后世影响较大。唐寅人物画体貌上有两种：一种是线条劲细，敷色妍丽，气质华贵，出自南宋院体的如《孟蜀宫妓图》、《簪花仕女图》等；另一种呈兴意潇洒，运笔如行云流水，出自南宋梁楷、法常，并具有元人气息的如《东方朔》、《秋风纨扇图》和《牡丹仕女图》等。

　　唐寅所作的花鸟画以水墨为主，画法介于沈周、林良之间，工稳而不一味精谨，洒脱而又非随意纷披，呈现一种活泼、秀逸的格调。存世作品有《枯槎鹦鸪图》、《墨梅图》等。

　　明代王世贞评唐寅的画"秀润缜密而有韵度"(《艺苑卮言》)，大体上概括了他的艺术特征。清恽格在《南田画跋》中说唐寅"笔墨灵逸，李唐刻画

之迹为之一变",都说明了唐寅能将"南画"重韵和"北画"尚骨的特点巧妙地糅合一起,形成了一家之体。

画家文徵明去世

文徵明《墨竹图轴》

文徵明(1470年—1559年),明代书画家、文学家,初名壁,又名璧,字徵明,号衡山居士,南直隶长洲县(今江苏吴县)人,学画于沈周,世人称之为能诗、文、书、画的全才,又与祝允明、唐寅、徐祯卿相切磋,人称"吴中四才子"。崇尚隐逸的生活,将诗书画三位一体发展到完美境界。诗风清新秀丽,长于写景抒情。书法兼取众长,笔法苍劲有力,结构张弛有致,工于行草书,尤精于小楷,亦能隶书。为文善于叙事。绘画擅长山水,多画江南湖山庭园,亦善花卉、人物,画作秀丽细致,静穆温雅。代表作有《古木寒泉》、《兰竹画》、《昭君图》等,学生众多,形成"吴门画派",与沈周、唐寅、仇英合称"明四家"。文徵明为人不谀权贵,耿直清高。宁王朱宸濠羡慕其才,以重礼相聘,他辞病不就。正德末年以岁贡生赴吏部考试,因得到巡抚李充嗣推荐授翰林院待诏。世宗即位后,预修《武宗实录》,官侍经筵,后辞职返回故里。遗著有《甫田集》。

文徵明《真赏斋图卷》(1557年88岁时作)

徐渭作《四声猿》

明代，剧作家、文学家徐渭创作杂剧《四声猿》。

徐渭（1521年—1593年），字文长，晚号青藤道士，山阴人。他工书法，善绘画，亦长于诗词戏曲，且多奇计。但终生遭遇坎坷。早年屡试不第，中年为浙闽总督胡宗宪幕僚。后因胡宗宪政场失利，受牵连而一蹶不振，但却不能阻止他文学才能的显露。他反对当时很风行的前后七子的复古主张，认

徐渭石刻像

《四声猿》插图（明·万历）

徐渭《菊竹图》轴

为复古只是"徒窃于人之所尝言",而应该创新,"出于己之所自得",他的这些主张一直影响到后来的汤显祖和"公安派"的袁宏道。他在诗歌方面的成就以七古、七律为代表。七古富有气势,兼带李白的飘逸和李贺的险怪,如《观猎篇》等,而七律则用词简练,如《孙忠烈公挽章》等。

最能体现徐渭文学成就的当属他创作的杂剧《四声猿》。《四声猿》是四部杂剧的总称,包括《狂鼓史渔阳三弄》、《玉禅师翠乡一梦》、《雌木兰替父从军》和《女状元辞凰得凤》,其中《狂鼓史》写的是祢衡被曹操杀害后,在阴间判官的怂恿下,面对曹操的亡魂再次挑战,痛斥曹操一生中的全部罪恶。作者通过祢衡对曹操的问罪方式的痛骂来揭露封建社会奸相的丑恶嘴脸,用词犀利,令人拍案,目的还是要借古讽今,发泄自己心中的不得意。《玉禅师》讲述的是玉通和尚意志不坚定,临安府尹柳宣教稍微一使计,便破了色戒。为报复他人,他来世投胎作了柳氏女儿,不幸又沦为风尘女子,在师兄月明和尚的指点下,重新皈依佛门,揭露了和尚们奉行禁欲主义之虚假,借以宣扬佛教的轮回报应说。《雌木兰》故事来源于乐府诗《木兰诗》,叙述木兰女扮男装,替父从军的故事,只是另外还增添了嫁王郎一段,使故事情节更为完满。《女状元》讲述五代时才女黄崇嘏女扮男装,进京赶考,最后中状元的故事,和《雌木兰》合在一起,从文武两方面对女子的智慧和勇气进行赞扬。

徐渭的《四声猿》对以往的杂剧有所突破。以往的杂剧均采用一本四折的形式,而《四声猿》所包含的四剧,长短不一,从一折到五折都有。另外,以往的杂剧基本上属于北曲的范围,而《四声猿》中的《女状元》一剧,全用南曲写成,开创了用南曲写杂剧的先例。他写作的杂剧,不仅是为演出而作,而是带有很浓厚的现实意味,借故事的叙述来反映当时人们反抗压迫,反对封建礼教束缚的强烈愿望。

董其昌开创松江画派

明正德、嘉靖的一百年中，以吴门画派为主流，水墨山水画所占比例最大，浅绛次之，重彩绝少，而写意花鸟画有一定分量，人物亦不多见，总的是师承元四家，开始远离生活，讲求笔墨趣味，偶有创获，也只能是表现在大写意和临摹领域方面。

董其昌《昼锦堂图轴》

董其昌《书画合璧卷》

当历史进入明代后期万历年间，绘画又有新的变化，由董其昌扮演主要角色，将中国绘画发展脉络分成王维、李思训父子为代表的南北宗，比附为佛家的南北宗，推崇南宗为"文人画"，有书卷气，是所谓"顿悟"的成果，非

董其昌《山水小景八幅册》（之二）

陈继儒（董其昌挚友）
《云山幽趣图轴》

功力积累而能致；北宗为"行家画"，承认有深厚的根底，下过苦练功夫，但乏天趣，是所谓"渐修"的后果。

董其昌（1555年—1636年），字玄宰，号思白，华亭（今上海松江）人，官至南京礼部尚书，他精于鉴赏，富书画收藏，是明代后期的书画大家。董其昌的历史地位与沈周、文徵明相等，但在画论上独出心裁，一些画家在其理论指导下，左右上下风从，盛极一时。董氏深明画理，是士大夫中之佼佼者。董氏山水画水墨、浅绛、重彩兼而有之，以水墨为多。自运讲求"生"、"拙"合作处自具风采，从这一点说，他是"发展"了的吴门派，即是所谓文人画的继续。

针对当时画坛出现的弊端，董其昌强调作画的"士气"：要以书入画，"下笔须有凹凸之形"；又强调山水画布局中的"势"，只三四分合而运大轴的章法，简化了宋元以来撷取自然的树石造型，他力主"画欲暗不欲明"的含蓄性与生动性，声称要集古人之大成而自出机轴，以王蒙《青卞隐居图》为母本的《青卞图》、《江干三树图》和据关仝同名画创作的《关山雪霁图》是其传世的水墨画代表作，其中《江干三树图》用泼墨法作平远景，近处老树3株，大墨点作叶，对岸雾山淡墨一抹，笔法拙中带秀，气势赫然。画上自题："王洽泼墨，李成惜墨，两家合之，乃成画诀。"这种以题画诗文阐述画理的方式，是董其昌作画的鲜明特征。设色没骨画《昼锦堂图》卷和小青绿《秋兴八景图》册一般认为是他设色画的代表，或细秀工整，温润醇厚，或淡雅俊丽，沉着痛快。

董其昌最初学画，追随同乡。文人画家顾正谊（1573年—1620年，字仲方，号亭林）和莫是龙（？—1587年，字云卿），作元人法，又与陈继儒（1558年—1639年，字仲醇，号眉公）为莫逆之交，他们爱好相近，艺术兴趣相投，画史习惯按他们的籍贯称之为"松江画派"。他们的艺术主张与创作实践，被后人奉为绘画的正统传派，受到清代统治阶级的喜爱与推崇，影响深远。

董其昌艺术主张的实践者有程嘉燧、李流芳、杨父骢、张学曾、卞文瑜、邵弥、王时敏、王鉴等，他们与董其昌一起被称为"画中九友"。其中的王时敏和王鉴还是清初继承与光大"南北宗"说的得力主将。

黄道周笔法刚健

中国明代书法家黄道周，其书法以笔锋刚健著称。黄道周（1585年—1646年），字幼平，号石斋，今福建漳浦县人。天启二年（1622年）进士。福王时官至礼部尚书，唐王时为武英殿大学士。清兵南下时，牢兵抗清，至婺源，兵败不屈而死。黄道周为人严冷方刚，不谐流俗。他学问渊博，精天文历数诸术，工书善画，并以文章风节高天下。

黄道周楷、行、草书皆擅长。他的楷书师法钟繇，用笔方劲刚健，有一股不可侵犯之势。他还主张遒媚加之浑深，所以其楷书虽刚健如斩钉截铁，而丰腴处仍露其清秀遒媚。黄道周楷书流传多为小楷。代表作品有《孝经》、《石斋逸经》等。他的行、草书远承钟繇，并参以索靖草法。他虽追求王羲之、王献之等晋人书法，却一反元、明以来柔弱秀丽的弊病，而以刚健笔锋和方整的体势来表达晋人的丰韵。其草书波磔多，含蓄少，方笔多，圆笔少，具有雄肆奔放的美感，行草书代表作品有《山中杂咏卷》、《洗心诗卷》等。

此外，他还著有《易象正》、《三易洞玑》、《太涵经》、《续离骚》、《石斋集》等。

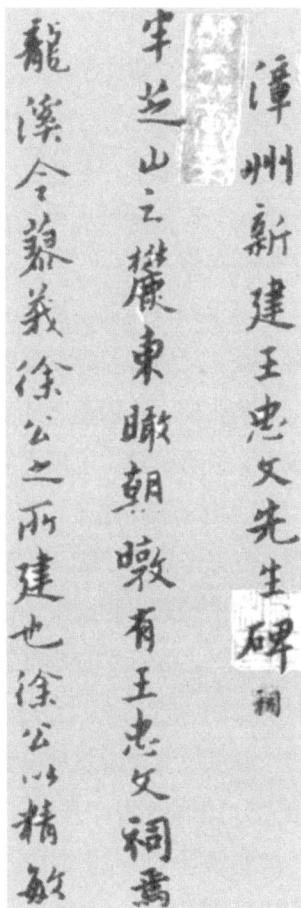

黄道周《五忠文祠碑文》（部分）

陈洪绶善画人物

明代画家陈洪绶（1599 年—1652 年），字章侯，号老莲，诸暨（今浙江诸暨县）人。曾于明崇祯十五年（1642 年）至北京捐资为国子监生员，召为内廷供奉。清顺治三年（1646 年）于绍兴入云门寺为僧，自号悔迟、老迟。

陈洪绶能诗，工书法，尤善绘画。其画早年师法蓝瑛，并取法李公麟等，后自成一家。题材广泛，人物、山水、花鸟、竹石、草虫等造诣均深，尤以人物画著称于世。

陈洪绶以简洁、洗练的线条和色彩，沉着、含蓄的表现手法，创造了一种与众不同的高古奇特的艺术风格，体现了画家孤傲倔强的个性。

清张庚在《国朝画征录》中指出，老莲的人物画"躯干伟岸，衣纹清圆细劲，兼有公麟、子昂之妙，设色学吴生法，其力量气局，超拔磊落，在仇（英）、唐（寅）之上，盖三百年无此笔墨也"。其晚年人物画常以夸张的造型、变态怪异的形象，突出表现人物的性格特征。

陈洪绶的人物画享誉很高，与明末画坛上另一位人物画家崔子忠有"南陈北崔"之称。他的影响在当时已是"海内传模者数千家"，甚至远播朝鲜和日本。

陈洪绶曾为徽州刻工创作过不少版画稿，如《九歌图》、《水浒叶子》和《西厢记》插图等。青年时所绘《九歌图》中的《屈子行吟》，将古代爱国诗人屈原被放逐后形容憔悴、忧国忧民的形象塑造得很成功。《水浒叶子》这一中年时期的作品，则惟妙惟肖地描绘了 40 个不同面貌、身份、精神气质的人物。《西厢记》的插图，则不仅具有鲜明的情节，且形象突出，章法奇妙，是古代插图画中的杰作。版画需要线条更加简洁遒劲，形象也更明朗些，使整

个画面富于装饰情趣。这些特点，也被陈洪绶运用到了人物画创作之中，如《女仙图》等。

陈洪绶还在卷轴画中塑造了不少放浪形骸的文人形象。如《升庵簪花图》描绘了明代著名文人杨慎被贬谪云南后的生活情态：醉后以胡粉敷面，作双丫髻插花，请伎捧觞游行过市的怪诞生活行径和玩世不恭的精神面貌，以此表达了画家对杨慎不幸遭遇的深切同情。

陈洪绶《观音像图轴》

陈洪绶《蕉林酌酒图轴》

李玉领导苏州派

　　明末清初，苏州及附近地区出现以李玉为中心的戏曲作家群，有李玉、朱佐朝、朱素臣、叶时章、邱园等十几位专业作家，史称"苏州派"。苏州派是中国戏曲史上阵容最强大、成果最显著的一个流派，活动四五十年，创作了约150部剧本，有近60种全本传世。

笠翁十种曲插图·怜香伴

朱素臣《秦楼月传奇》插图

　　苏州派作家多是专业戏曲作家，创作力特别旺盛，作品很多，但刊刻极少，现存的多为舞台演出抄本。他们的作品表现出的思想内容比较复杂，一方面富于强烈的现实批判精神，一方面又浸透了浓重的封建伦理观念。

　　艺术上，苏州派戏曲作品总是密切联系舞台实际，剧本形式短小精悍，长则30余出，短则25出，一反明代传奇长篇累牍的状况，是一种大胆的革新。他们的剧作故事性强，情节曲折，穿插了许多激动人心的场面，多采用双线并行的结构，角色设置均匀得体，音乐、语言等各方面都适宜舞台演出。这些特点，使苏州派成为清初剧坛上独树一帜、影响深远的派别。

　　苏州派代表人物李玉字玄玉，号苏门啸侣，江苏吴县人，生活在明万历到清康熙年间，他出身低微，潜心进行戏曲创作和研究，剧作录于各种曲目书中的有42种，其中《一捧雪》、《人兽关》、《永团

圆》、《占花魁》、《清忠谱》、《千钟禄》等18种存有全本，其余部分或全部失传。他的代表作前期为"一、人、永、占"，以描写人情世态为主要内容，后期作品较多描写历史上和现实中的政治斗争。《清忠谱》是他最重要的作品，写天启年间发生在苏州的市民斗争，成为我国戏剧史上迅速反映当代重大社会事件的著名作品。

苏州派作家的努力，促进了清初昆曲创作的繁荣，为清代前期出现以"南洪北孔"为代表的戏曲高潮奠定了基础。

傅山提出"四宁四毋"

傅山总结自己学字的经验，提出了"四宁四毋"的学字原则。

傅山（1607年—1684年），字青竹，又改字青主，号真山、石道人、松侨老人，阳曲（今山西太原）人。明朝灭亡后，隐居阳曲山中，苦攻医学，研习金石书画。后因为梦天帝给他赐黄冠，便穿朱色衣，住土穴，自号朱衣道人。晚年喜喝苦酒，又自称"老叶禅"。清康熙十七年（1678年），被强征博学鸿词科，以死相拒，终得幸免。

傅山能书会画，画多为山水，风格古拙奇特。书法精湛，工篆、隶、楷、行、草诸体，尤精于草书。20岁开始学前人晋、唐书法，总学不像，于是改学赵孟頫、董其昌，爱其圆转流丽，稍临便能以假乱真，从此悟出作字先学做人的道理，并提出著名的"四宁四毋"主张，即"宁拙毋巧，宁丑毋媚，宁支离毋轻滑，宁真率毋安排"，表明了他的书法美学观点。

清焦秉真《耕图》摹本

傅山提出的"四宁四毋"成为后人学书的基本准则。

金农作漆书

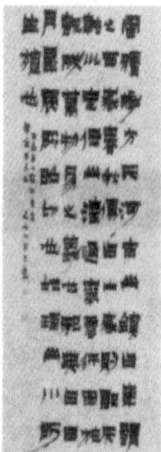

金农手迹《节临
西岳华山庙碑语》

　　"漆书"是中国古代书画史上的一朵奇葩，为清代著名书法家、画家金农所创。

　　金农（1687 年—1764 年），字寿门，号冬心，别号甚多，有司农、金二十六郎、稽留山民、昔耶居士、曲江外史、龙梭仙客、百二砚田宣翁、心出家粥饭僧、金吉金、荆蛮民等。浙江仁和（今杭州市）人。与丁敬、吴西林合称浙西三高士。清乾隆元年（1736 年）荐为鸿博，因不为朝廷所用，心情抑郁，因此出走齐、鲁、燕、赵等地。嗜奇如古，收金石文字千卷，醉心于书碑帖文。50 岁开始学画，涉笔即古，脱尽书家之俗气，自成一家。其山水花果之画更是布置幽奇，类染间冷，非尘世间所能多见。晚年居扬州，为著名的扬州八怪之一。

　　金农的字画刻意创新。尤其是书法，或行或楷，在广泛吸取名碑篆刻的基础上，风格独特。运笔或扁或方，往往是竖轻横重，苍劲有力，古朴圆润，别具奇趣，自称为"漆书"。世人评价其书从《天发神谶碑》、《国山碑》、《各郎碑》变化而来，行、楷之间，别具一格。金农之画，因其文学修养较高，所见古代名画亦多，加之书法功底深厚，往往出手便非同凡俗，具有鲜明的个性特色。所画《山水人物册》、《山水册》、《月华图》、《携杖图》等都是我国古代绘画中的精品。金农论艺术，主张独创，反对因袭。他曾说："冬心先生年逾六十始学画竹，前贤竹派，不知有人，宅东西种植修篁约千万计；先生即以为师。"他这种重创新、重实际的创作风尚给后世书画以巨大影响。

　　清乾隆二十九年（1764 年），金农去世。

郎世宁入清廷

　　郎世宁（1688年—1766年），意大利人。耶稣会传教士，画家兼建筑家。清康熙五十四年（1715年）来北京传教，不久即召入宫廷，为内廷供奉。他擅长画肖像、花鸟、走兽，尤工画马。他的画术以西法为主而参以中法，注意透视和明暗，但过于刻画细节，追求形似，未得中国画形神兼备之长。乾隆年间，他曾与人等奉清高宗之命作平定准噶尔及回部奏凯图，图成送法国雕成铜版。其画可以看出中西技法相融会的特色。作为建筑家，他曾参与圆明园建筑工程。乾隆三十一年（1766年）六月，郎世宁因病在北京去世，终年78岁。当月初十日，乾隆帝以他自康熙年间入直内廷，颇著勤慎，加恩赐予侍郎衔，并赏内府银300两，料理丧事。

《松鹤图》轴。郎世宁、唐岱绘。　　《弘历观画图》轴。郎世宁绘。

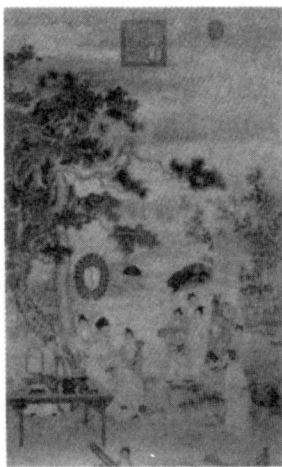

包世臣谈运笔

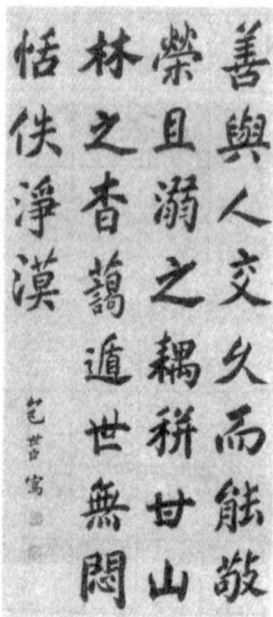

善與人交久而能敬
榮且溺之耦耕甘山
林之杳藹遁世無悶
恬恢淨漠

包芭寫

包世臣的《警语》。此幅作品通篇气势雄浑，结构揖让合理，运笔顿挫有力，富有"金石气"。

包世臣（1775年—1855年），字慎伯，号倦翁，安徽泾县人，清嘉庆、道光年间著名学者，善书法，用笔取侧势，著有《艺舟双楫》六卷。前四卷论文，后两卷论书，主要篇目有《述书》、《历下笔谈》、《国朝书品》、《答熙载九问》、《答三子问》、《自跋草书答十二问》、《与吴熙载书》等。其中的《述书》、《历下笔谈》作为书学专著曾名重一时。

《述书》专论执笔、运笔方法。他强调用笔要"行处皆留，留处皆行"，运笔要"始艮终乾"。认为"北朝人书，落笔峻而结体庄和，行墨涩而取势排宕。万毫齐力，故能峻，五指齐力，故能涩"。又说："用笔之法，见于画之两端，而古人雄厚恣肆令人断不可企及者，则在画之中截。"《历下笔谈》倡导篆隶北碑，对当时书风变革有很大影响。

《国朝书品》品评清代书法家作品，分为神品、妙品、能品、逸品、佳品等品次，"平和简净，遒丽天成，曰神品。酝酿无迹，横直相安，曰妙品。逐迹穷源，思力交至，曰能品。楚调自歌，不谬风雅，曰逸品。墨守迹象，雅有门庭，曰佳品。"被列为神品、妙品上的是邓石如，而郑簠、金农则为逸品上。

赵之谦书画印俱佳

光绪十年（1884 年），清代著名书画家赵之谦去世。

赵之谦通晓经史百家，诗文、书法、绘画和篆刻，无所不精。他的书法，早年学颜体，后取法六朝碑刻。其楷书将北魏碑刻、墓志写得婉转圆通，自成一格，被称为"魏（魏碑）底颜（颜体）面"。他的篆书既受邓石如的影响，又掺以北魏书法的笔意，姿态摇曳。他还以北魏体势作行草书，古拙中蕴含秀逸。

赵之谦的画，人物、山水、花卉俱佳。早年笔致工丽，后受扬州八怪等的影响，纵笔泼墨，虽色彩浓艳，但风格清新。写实写意，均以书法技巧融汇于画，情致盎然，且酣畅淋漓。在一定程度上影响了后世画家任颐、吴昌硕等。

赵之谦的篆刻亦独树一帜。他的篆刻先摹浙派，后追皖派。他以汉镜文、瓦当文、钱币文、封泥、诏版等入印，在篆刻艺术上开"印外求印"之先。他的印章思路清新，取材广泛，或婀娜多姿，或端庄匀称。对于印章的边款，赵之谦亦有所举创，他的边跋，风神独逸，气象万千。此外，他还创造了阳文款识。

节录史游急就篇（赵之谦）

练习未尽（赵之谦）

赵之谦的蔬果花卉图册（之一）

赵之谦书法、绘画、篆刻均有成就，且多同时出现，相辅相成，别具新意。其著作有诗文集《悲庵居士诗賸》，篆刻《二金蝶堂印谱》等，并校刻《仰视千七百二十九鹤斋丛书》。

吴友如入《点石斋画报》

光绪十年（1884年），吴友如应聘至点石斋印书局出任《点石斋画报》主笔。

吴嘉猷（？—1893年），字友如，江苏吴县人。出身贫苦，自幼从邻室画师学画，常出入无锡、常熟的裱画铺，搜集观摩前人作品。明清版画、西洋绘画以及改琦、任颐的人物画都对他产生了影响，使他形成自己的绘画风格。后来到苏州桃花坞从事年画制作，主要作品有《法人求和》《村读图》《割发代首》《除三害》《闹元宵》等，描绘人物，栩栩如生。

吴友如应聘至点石斋印书局后，适逢中法战争爆发，吴友如敏感地抓住一些时事创作了一系列新闻画，将新闻性与艺术性结合起来，歌颂抗击侵略的中国人民，讥讽法国侵略者。其作品人物比例适当，线条简洁，带有浓厚的木刻意味；画面布局紧凑，在透视与景深表现上受西洋绘画的影响。《点石斋画报》里其他一些作画人员受到他的影响，风格上与他很接近。

吴友如是中国近代史上最早一批将中国画技法与西洋技法相结合的画家之一，在人物画和礼会生活画方面，为中国近代绘画发展作出了一定贡献。

俞樾只知著书

清光绪三十三年（1907 年）十二月二十三日，近代著名学者俞樾逝世，享年 87 岁。

俞樾（1821 年—1907 年），字荫甫，号曲园，祖籍浙江德清。道光年间中进士，曾任翰林院编修、河南学政。后罢官寓居苏州，在紫阳书院主持讲学，晚年又到杭州诂经精舍讲学，著名国学大师章太炎就是他晚年的得意门生。俞樾长于经学研究，所著《群经平议》、《诸子平议》、《古书疑义举例》等书，均为乾嘉学派后期的代表作品。俞樾还写有大量的笔记，所著《春在堂随笔》、《茶春室丛钞》等，搜罗甚广，保存了丰富的学术史和文学史资料。他还很重视小说、戏曲剧本的研读，强调其教化作用，并将石玉昆所著的《三侠五义》改编成《七侠五义》。

清末北京西四牌楼的商业景观

俞樾一生著述不倦，成果颇丰。不仅善诗词，又工隶书，且学识非常渊博，对群经诸子、语文训诂、小说笔记等造诣很深，其作品辑为《春在堂全书》。当时，社会上有一句流传颇广的玩笑话，叫做："李鸿章只知作官，俞樾只知著书。"

沈心工配制学堂歌曲《革命军》

辛亥革命时期，著名的学堂乐歌音乐家沈心工配制了一首学堂歌曲《革命军》，这是一首具有爱国主义和民主主义思想的作品，也是他的代表作之一。歌词共 4 段："吾等都是好百姓，情愿去当兵，因为腐败清政府，真正气不平。收吾租税作威福，牛马待人民，吾等倘使再退缩，不能活性命。……"表现了当时人们反封建的革命意志，革命者豪迈、无畏的气概和斗争的决心。

沈心工（1870—1947 年），名庆鸿，号叔逵，字心工，上海市人。早年就读于南洋公学师范班，随后在其附小任教。光绪二十八年（1902 年）游学于日本，并创办"音乐讲习会"。1903 年回国后继续任教于南洋公学附小，从1911 年起任校长达 27 年之久。同时还兼任本女塾、龙门师范、沪学会等处的乐歌课。

沈心工在乐歌创作和早期音乐教育方面贡献突出。他用乐歌向青少年宣传民主、爱国思想，鼓励青年努力奋发，且反帝反封建的意识较鲜明。这类作品除《革命军》

1904 年出版的中小学课本

外，还有《国胞同胞需爱国》、《革命必先格人心》、《缠足苦》等。还有许多是反映儿童天真活泼的性格、嬉戏的情景，传授生活常识、文化知识，并从中进行道德、品质教育的作晶，如《地球》、《旅行歌》等。他在配制学堂歌曲的同时，也开始进行歌曲创作，如《黄河》（杨度作词），全曲"沉雄慷慨"。

沈心工特别注重学校音乐的教育作用和音乐教学法的运用，1904年编译出版了日本石原重雄所著的《小学唱歌教授法》；1904年—1907年编写出版了《学校唱歌集》共3集，这是我国近代最早的音乐教科书，影响很大；1913年编有《民国唱歌集》4集出版。1936年他将编创的乐歌，编选出版了专集《心工唱歌集》。

石涛搜尽奇峰打草稿

明亡清立，明宗室靖江王赞仪十世孙的石涛，原姓朱，生卒年颇有争议，出家为僧，漫游名山大川，倾心诗文书画，成为清初一大家，与朱耷、渐江、石溪合称清初四僧；与石溪并称二石；与渐江、梅清等人合称黄山派。石涛善画山水，兼工兰竹，山水画自成一家，既善于借鉴前人之长，又注意外师造化；既画法精湛，又画理深厚，尤其是他那"搜尽奇峰打草稿"的精神，最为典型。

石涛认为首先要认识自然规律，然后才能真正运用绘画的技巧。规和矩是绘画技法的最高准则，但是如果不首先了解自然界本身运动的发展，那这个技法就会成为死的技法。为了使绘画的技法符合自然规律，他认为画家必须了解"一画"。它是从自然界中产生出

《游华阳山图》。石涛绘。

搜尽奇峰图卷。图卷长 285.5 厘米，高 42.8 厘米，墨笔画，起首险峰石壁回抱，以后奇峦怪石层出不穷，以江景结尾，绘于康熙三十年（1691 年）。

来，符合画理。"一画落低，众画随之"。石涛的"一画论"对清朝初期形成的陈陈相因、千篇一律的山水画是个有力的批判。石涛的山水画，大都是从大自然云烟变化中取材。他的足迹踏遍了湖南、广西、江西的奇山异峰，他曾数次游览黄山，自称"黄山是吾师"。所画黄山景物出神入化，创造出一个意趣隽永的境界。学习传统，临摹古人的作品，不是艺术的终极目的，而只是一种继往开来的手段。石涛主张画家要大胆创新，他说自己的画"堪留百代之奇"，要奇，并不是件难事，难在奇得合情合理。他不忠一家，博采众长，"借古以开今"、"我用我法"，特别是主张从自然中吸取创作源泉，这一点充分体现在他的传世佳作《搜尽奇峰打草稿图》、《清湘书画稿》、《泼墨山水》等画中。在石涛多变的画法中，有着他自己的共同特点，一是用笔灵活：粗细刚柔、飞涩徐疾兼施并用，多用粗笔勾山石，细笔剔芦草、松竹兰。二是善于用墨：浓淡相济，干以湿出，尤其喜欢用湿笔，通过水墨的渗化和笔墨的融和，表现出山川的氤氲气象和浑厚之态。有时惜墨如金，有时泼墨似水。三是构图新奇：一变古人和四王三重四叠之法，往往破空而出，奇不自胜，尤善用截取法，以特写的手法传达深邃的境界。四是讲求气势，运笔恣肆，挥洒豪放。五是技法丰富多变：善于用点，不拘成法。

在明末清初画道日衰的状况下，石涛能独树一帜，睥睨千古，大胆创新，为中国现实主义绘画增添了绚丽的光辉。他的绘画理论也同样是中国画坛中的奇葩。他对后世画坛影响巨大，稍后的金农、罗聘等人就深受其影响。他的山水画对清代中期的扬州八怪有很深的启发作用，直到近代，绘画大师齐白石还对石涛推崇备至。齐白石有句名言："作画妙在似与不似之间，太似为媚俗，不似以欺世"，显然这是对石涛"不似似之"的发挥与完善。

袁江领导袁氏画派

　　界画，原是中国画"十三科"之一，因作画时用界尺引线而得名，原叫屋木，又称宫室或楼台或楼阁。界画的起源很早，但宋元以来，由于文人画得到极大的发展，界画逐渐不受重视，地位日益低下，直至清朝康熙、雍正年，才出现了袁江领导的袁氏画派。

　　袁江（约 1671 年—1746 年之间），字文涛，晚年号岫泉，江苏江都（今扬州）人。他最初在扬州作画，并到过江苏南京及浙江会稽一带进行写生创作。据说他和其子袁耀曾被山西太原的一个尉姓大地主聘去作画，在那里住了很多年。雍正时，袁江来到北京，被召入宫廷，在外养心殿任祗侯。袁江早年是学明代仇英的画法，中年对唐代李思训父子、宋代赵伯驹兄弟的青绿山水下过一番苦功，潜心临摹。在他以前的一些界画，多以建筑物为主要描绘对象，虽然一丝不苟，功力很深，但总感到有点像建筑设计图，缺乏意境和生气，袁江则将工致异常的青绿山水和精密的界画巧妙地结合起来，创造了别具一格的山水楼阁界画。他的画笔墨严整细腻，施彩清丽，画面谨慎

醉归图轴。袁江绘。

工细，这种风格在清初画坛上独树一帜，以雄强的气度为时人推许。袁江的传世之作有《瞻园图卷》（天津市文物管理处藏）、《海上三山图轴》（南京博物院藏）、《骊山避暑图轴》（北京首都博物馆藏）等。袁江的创作风格为其子袁耀以及袁雪、袁瑛等继承，形成了风格独树的袁氏画派。

郑板桥画墨竹

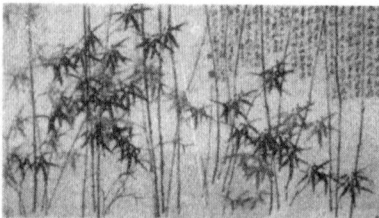

《丛竹图》。郑燮绘。

郑燮（1693年—1765年），字克柔，号板桥、理庵，江苏兴化人，扬州八怪之一。他曾经任山东范县、潍县知县，颇有政声。在潍县遇到连年灾荒时，他打开官仓，赈济灾民，他在送给山东巡抚的《风竹图》上题诗说："衙斋卧听萧萧竹，疑是民间疾苦声；些小吾曹州县吏，一枝一叶总关情。"但却因此事得罪乡绅，横遭诬诟，于是愤而辞官，回到扬州过着他那"二十年前旧板桥"的卖画生活。

郑板桥绘画主要以兰竹石为对象，其次是松、菊、梅，其中墨竹画得最为出色。尽管他表白自己"无所师承"，画竹学文同苏轼、徐渭、高其佩、石涛、禹之鼎、尚渔庄。他不仅学习古人和今人，更重视向自然学习。他画竹、种竹、爱竹成癖，朝夕与竹相伴，他说："非唯我看竹石，即竹石亦爱我也。"他的墨竹图，不论是新老之竹、风雨之竹，还是水乡之竹、山野之竹，都有独特的性格和生命。在章法上能以少胜多，重在意境创造；在笔墨上则"忽焉而淡，忽焉而浓"，浓淡相宜，干湿并兼；他笔下的竹，往往是竹竿瘦而挺，富有弹性，枝叶颇简，称"减枝减叶法"，以突出竹子的"劲节"，叶子又肥，以加强竹子的青翠感。郑燮之竹以意取胜，竹叶往往似桃、柳之叶，但却能神定气足，意境幽远，令人观之忘俗。

板桥画石强调骨法用笔，以白描手法，寥寥数笔，勾出坚硬的山石轮廓，稍作横皴，不施渲染，一般是"石不点苔，惧其浊吾画气"。他画兰则多写山中之兰，取其"各适其天，各全其性"之意，兰叶常常画得肥而有劲。

郑板桥的兰竹石对后世影响很大。乾隆三十年（1765年），郑板桥因病去逝，享年72岁。

郑板桥小像

《梅竹轴》。郑燮绘。

二苏二居开创岭南画派

位于五岭之南的广东地区，尽管与中原、江南相距遥远，但文化依旧活跃。清初的正统画派对广东画坛影响甚微，唯有四大名僧中的石涛的绘画远达岭南，受到广东画人的推崇。清代后期，广州被辟为通商口岸。在绘画上，广东也成为"开风气之先"的地方，出现了一批具有创造性的画家。其中著名的有"二苏"、"二居"，他们成为近代"岭南画派"的开创者。

苏六朋、苏长春合称"二苏"。

苏六朋（1798年—？），字枕琴，号怎道人，别号罗浮道人，广东顺德人。他可称全能画家，善画人物、山水。早期多精细工笔之作，得法于宋、元画家；晚期则专攻写意人物，带有黄慎、徐渭的简笔画风格，亦能以指代笔作指墨画。他的作品题材广泛，除了历史故事和民间传说以外，以描绘现实的作品居多，尤以反映市井平民生活的风俗画最为出名。他笔下的人物神态刻划生动逼真，山水花鸟则浅绛重彩各具特色，代表作有《李白像轴》、《东山报捷图轴》、《停琴听阮图轴》等。苏长春（1814年—？），字仁山，广东顺德人。一生寄情书画，伤感怪癖。工于人物山水，兼写花卉。他作画全凭灵感意兴，不迎合时尚，不受传统画法约束，另辟蹊径。他选取的题材大多来自生活，但下笔自然，纵横挥洒，自有出尘脱俗之致。他笔下的人物，多用干笔焦墨作白描，吸收古代石刻造像技法加以变化，苍劲古朴，自然而不呆滞；他笔下的山水大胆突破古人的传统，不事皴擦点染，画法近于木刻，表现物象的阴阳向背与质感主要靠线条的丰富变化。

可以说"二苏"发展了中国的绘画技法。他们敢于开拓题材，注重内在情性的抒发，对后来的岭南画派有一定的影响。

五羊仙迹图轴。此图是苏长春的代表作品之一，用全焦墨完成，落笔草草，风致宛然。

牡丹双蝶图轴。居廉所作此图充分体现了"居派"的画法特色——花多用粉，于色彩将于未干之际，以没骨法"撞水"、"撞粉"，生意盎然而有神韵。

"二居"是指居巢和居廉。

居巢（1811年—1865年），字梅生，广东番禺人。他以诗词、书法和花鸟画著称于世。他的艺术主张是"不能形似而能神"，重视自然真实。他的画讲求构图章法，能自出新意，敷色轻淡，意境疏朗、澹逸。他将传统的工笔花鸟画法发展成工中带写，以形写神的手法奠定了近代"岭南画派"的基调。居廉（1828年—1909年），字士刚，号古泉。他是居巢的从弟，擅长于草虫花卉。他的画用线柔细，轻描淡写，敷色明丽；善用粉，创造了没骨"撞粉"、"撞水"之法，即通过对水和粉用量的人为控制，不着痕迹地获得独特复杂的艺术效果。此法一时为人所重，学习他的人很多，神韵自然、清新活泼的"居派"花鸟画风由此形成，其传人高剑父、高奇峰后来成为"岭南画派"的代表人物。

齐白石"衰年变法"

　　齐白石（1863年—1957年），名璜，字渭清，又字兰亭，号白石、濒生、别号白石山人、寄园、寄萍、寄萍堂主人、老萍、萍翁、寄幻、仙奴、阿芝、木居士、老木一、三百石印富翁、杏子坞老民、借山吟馆主者、借山翁、星塘老屋后人、湘上老农等。湖南湘潭人。10岁辍学在家牧牛砍柴。幼而喜画，自画自乐。15岁后拜师学木匠，善雕花，远近闻名。21岁得阅《芥子园画传》，初悟画理画法。27岁起，相继拜民间画师肖传鑫、文少可为师，学习画像。又拜胡自悼、陈作埙为师。跟胡自悼学画工笔花鸟草虫和书法，跟陈作埙学诗文。从此以画像、画中堂以及女眷用的帐檐、袖套、鞋样等维持生活，由木匠一变而为画匠。此后，齐白石刻苦攻读诗文，所画除人物画像外，尚有山水、花鸟草虫、仕女等，尤以仕女图闻名，人称"齐美人"。1894年，与同乡王仲言等7人成立龙山诗社，齐白石任会长，时称"龙山七子"。其诗不以用典和声律见长，而以抒写性情、浅显通晓取胜。1896年始学篆刻，从丁龙泓、黄小松两家刀法入手。常与黎松安切磋印术。数年之后，齐白石的诗书画篆刻之名渐从乡里传出，且越传越远。齐白石终于从一个雕花木匠和民间画师成为一名具有士大夫文人修养的艺术家。

　　1902年，齐白石开始出行远游。他先后到过西安、天津、北京、上海、苏州、南京、汉口、南昌、九江、桂林、钦州、肇庆、广州、香港等。其间多次返家，又多次出行。远游途中，寻山访水、拜会诗人和画家，一路吟诗作画，临摹真迹。这7年的远游生活，使齐白石极大地开阔了眼界，丰富了视野，画风竟至大变，由工笔转向大写意，而书法亦由写何绍基转而临《爨龙颜碑》；刻印则由学丁龙泓、黄小松转仿赵之谦。

1916 年到北京定居，仍以卖画为生，与陈师曾交厚。其时，齐白石的画近于朱耷，风格冷逸，在北京不受欢迎。陈师曾力劝他自出新意。齐白石接受劝告，开始"衰年变法"。他将文人传统与民间传统、文人修养与农民气质自然地结合起来，创造出一种全新的境界。此后，齐白石画花鸟草虫笔酣墨饱，力健在锋，粗放与工细结合。尤其画蟹、虾，与前人大大不同，充满生趣。写意人物画简括、传神，充满人情味和幽默感。山水画则境界新奇而充满诗意，一扫近代山水画模拟靡弱之风，无论在造型、笔墨和结境创意上都自成风范，而格调在花鸟人物画之上。齐白石还常在画幅上题诗、题句，寓意既深，又充满睿智和风趣。

"衰年变法"为齐白石晚年的创作鼎盛奠定了基础，使齐白石成为中国近现代最伟大的画家之一。其诗、书、画、印、花鸟、人物、山水样样精通，且都有独创，为中国近现代画坛上所仅见。

1922 年，陈师曾携齐白石的画至日本展出，首次将齐白石介绍到国外。1927年，齐白石出任北平艺术专科学校中国画教授。抗日战争期间，闭门谢客，1944 年停止作画，以示心志。中华人民共和国成立后，先后出任中央美术学院名誉教授、中国文联主席团委员、中国美术家协会主席、中国画院名誉院长，被文化部授

齐白石《山溪群虾》　　　　齐白石《荷花》

予"人民艺术家"荣誉称号，荣获世界和平理事会颁发的 1955 年度国际和平奖金。

齐白石的著述有《白石诗草》、《借山吟馆诗草》、《白石老人自述》。并有多种版本的画集和作品集出版。代表作花鸟画有《祖国万岁》、《瓶梅》、《牵牛花》、《百花鸽子》、《荷花鸳鸯》、《残荷》、《虾》、《蟹》等；山水画有《渔村夕照》、《海山帆影》、《晚霞山水》等；人物画有《仕女》、《钟馗》等。

徐悲鸿开中国历史画一代新风

徐悲鸿《群马》

徐悲鸿《田横五百士》

徐悲鸿（1895 年—1953 年），江苏宜兴人。父徐章达精擅书画诗文。徐悲鸿幼从家学，少而有所成。1916 年入上海震旦大学法文系半工半读。同年赴日本学习美术。年底返国，任北京大学画法研究会导师。其间常到故宫欣赏和研究古画。在新文化运动影响下，思想趋于进步。1919 年入法国国立巴黎高等美术学校留学。并往访德国、英国、比利时、瑞士、意大利等国美术学院、博物馆、美术馆、美术遗址等，悉心研究和临摹。1927 年返国，任上海南国艺术学院美术系主任，兼中央大学艺术系教授。1929 年出任北京大学艺术学院院长。1920 年，发表他的第一篇论述中国油画改良的重要著作《中国画改良论》，文中提出"古法佳者守之，垂绝者继之，不佳者改之，未足者增之，西方画之可采入者融之"的著名主张，提倡写实，反对形式主义；提倡革新，反对保守主义。指出"改之方法：学习、物质（绘画工具）、破除派别"。1929 年发表《惑》、《惑之不解》等文，明确倡导现实主义。

在上述理论指导下，从 1928 年到 1936 年，他的创作极丰，作品表现出强烈的爱国主义精神和人道主义思想，形成了鲜明的现实主义艺术风格，开中国历史画一代新风，在中国现代绘画史上独树一帜。其代表作有《田横五百士》、《九方皋》、《徯我后》等。此外，徐悲鸿的国画创作也达到高峰，作品多表现马、牛、狮、雀等，造型精炼，生动传神，如《马》、《群牛》、《新生命活跃起来》等。30 年代先后赴法国、比利时、意大利、德国及苏联举办中国美术展览和个人画展，蜚声国际画坛。回国后继续倡导现实主义美术。

1936 年冬他在桂林创办美术馆，1937 年赴长沙、广州、香港举办个人画展。1938 年赴新加坡举办筹赈画展，宣传抗日救亡，卖画所得全部捐献祖国用以救济灾民。其间创作了《晨曲》、《逆风》、《壮烈之回忆》、《风雨鸡鸣》、《漓江春雨》、《巴人贫妇》等写实主义作品。1940 年，应泰戈尔之邀赴印度讲学，并举办画展，将所筹画款全数捐寄回国。随后又在新加坡、马来西亚等地举办筹赈画展，所得款项全部捐寄回国。

抗战时期是徐悲鸿艺术创作的鼎盛时期，也是画家在思想上和艺术风格上高度成熟的时期。"七·七"事变后，国难当头，徐悲鸿"遥看群息动，伫立待奔雷"，以画笔为武器，投入抗日救亡斗争。他画跃起的雄狮、嘶鸣的奔马、威武的灵鹫等，表达了对中华民族奋起觉醒的热切期望。他的中国画巨著《愚公移山》（取材于《列子·汤问》篇中的一个寓言），用以表现中华民族团结一心、坚韧不拔、打败日本侵略者的信心。从悲天悯人到人定胜天，这是徐悲鸿艺术思想的又一次升华。抗战胜利后，徐悲鸿任北平艺术专科学校校长、北平美术工作者协会名誉会长。1949 年当选全国文联常务委员、中华全国美术工作者协会主席，并任中央美术学院院长。

聂耳谱《义勇军进行曲》

　　1934 年，聂耳谱写了《义勇军进行曲》。该曲由田汉作词，是影片《风云儿女》的主题歌。

聂耳（1912—1935），云南玉溪人，《义勇军进行曲》作曲者。

　　聂耳（1912 年—1935 年）原名聂守信，字子义，又作紫艺，云南玉溪人，是中国杰出的作曲家、音乐活动家。聂耳自幼丧父，家境贫寒。入学后成绩出众，课余师从民间乐人学习笛子、胡琴、三弦、月琴等民族乐器的演奏，熟悉传统乐曲。1930 年聂耳到了上海，11 月加入"反帝大同盟"。当时他接受了严格的小提琴训练，并自修钢琴和声学、作曲法和作曲等。九一八事变后，日趋严重的民族危机促使他去思考自己的生活和艺术道路。1932 年 4 月，他与左翼作家兼诗人田汉建立了友谊，对其艺术成就产生了深刻的影响，并从此与左翼文艺界取得了联系。次年聂耳加入了中国共产党。在积极从事创作和评论活动的同时，他还组织了"中国新兴音乐会"，加入了中国左翼戏剧家联盟音乐小组，积极进行左翼音乐、戏剧、电影等多方面的工作。1935 年 7 月，他在日本学习考察时不幸溺水而死，当时年仅 23 岁。

　　聂耳一生创作的 37 首歌曲，都是在他生命的最后两年间完成的。数量最大的是反映工人阶级生活和斗争的歌曲。他发表于 1933 年 8 月的第一首作品《开矿歌》就成功地把民间劳动号子里一人领唱、众人和腔的形式引进了电影歌曲创作。随后又创作了《开路先锋》、《新女性》、《打长江》等优秀工人歌曲，使正在觉醒、崛起之中的新时代工人阶级的形象得到了准确、鲜明、生动的音乐表现。他是中国音乐史上第一个成功地塑造出工人阶级英雄形象的作曲家。几首进行曲风格的爱国歌曲是聂耳创作中最重要和影响最广的作品。《毕业歌》、《前进歌》、《自卫歌》及《义勇军进行曲》等以极富感召性的音调，果敢的节奏，雄伟磅礴的气势，表现了灾难深重的中国人民不畏强暴、英勇战斗的革命精神，在群众中得到了广泛的传播。聂耳还创作了《飞花歌》、《塞外村女》、《告别南洋》、《铁蹄下的歌女》、《梅娘曲》等抒情歌曲；《卖报歌》则是他创作的反映儿童生活的歌曲中的代表作。

30 年代初《义勇军进行曲》的词作者田汉（右）和《黄河大合唱》的曲作者冼星海在一起。

聂耳在短暂的一生中取得歌曲创作方面如此杰出的成就，是他自觉运用新的创作方法的结果。他创造性地革新了歌曲的艺术形式，使作品中既有浓郁的民族色彩，又有强烈的时代气息，既有鲜明的形象特征，又有严密的组织结构，他奠定了中国群众歌曲的历史地位，第一次提高了这种体裁的音乐的艺术价值。他开辟了中国无产阶级革命音乐的道路，影响极为深远。他所创作的《义勇军进行曲》后来成为中华人民共和国国歌。

冼星海谱《黄河大合唱》

1938 年 11 月，冼星海到达延安。次年 3 月，成功地谱写了《黄河大合唱》大型声乐套曲。

冼星海（1905 年—1945 年），曾用名黄训、孔宇，生于澳门，祖籍广东番禺，为中国著名作曲家、人民音乐家。冼星海自幼丧父，家境贫寒。他从

冼星海（1905 年—1945 年），广东番禺人

小酷爱音乐，先后就读于广州岭南大学预科、北京国立艺术专门学校、上海国立音乐学院。1929 年冬，冼星海赴法国巴黎学习音乐，后入巴黎音乐学院学习作曲。1935 年秋回到上海，投身抗日救亡运动，开始了救亡歌曲和进步的电影音乐的创作。抗日战争爆发后，他在上海、武汉等地进行抗日救亡的文艺宣传工作，并创作了许多抗战歌曲。1938 年 11 月，冼星海到延安鲁迅艺术学院音乐系任教；次年 6 月加入中国共产党。在革命根据地，他写出了以《黄河大合唱》为代表的一批大型声乐套曲和其他有影响的革命歌曲。1940 年冼星海赴苏联工作，后又到过蒙古教音乐，1945 年病逝。

早在 20 年代末，冼星海在沪读书时就写过《普遍的音乐》一文，认为"中国需求的不是贵族式或私人音乐，中国人所需求的是普遍音乐"，学音乐者应负起救国重任。基于这种爱国民主思想，冼星海在 10 余年的创作生涯中从现实生活中选取有重大社会意义的题材，以革命激情表现人民群众的斗争生活和思想感情。其创作中数量最多，影响最广的是多种多样的群众歌曲，有正面表现抗战、富于号召性的进行曲形式的《救国军歌》、《青年进行曲》、《到敌人后方去》；有具体展示人民战争场面、将抒情性与鼓舞性相结合的《在太行山上》、《游击军》；有表现工农劳动生活的《拉犁歌》、《路是我们开》；有献给妇女、儿童的《三八妇女节歌》、《祖国的孩子们》。抒情性的独唱歌曲在冼星海的创作中亦占重要地位，如《夜半歌声》、《莫提起》、《热血》、《黄河之恋》等。冼星海的音乐作品在全国产生巨大影响的是大型声乐套曲，如《生产大合唱》、《九一八大合唱》等，最著名的是《黄河大合唱》。

《黄河大合唱》是冼星海最杰出的代表作，由诗人光未然作词，以黄河为背景，讴歌中华民族悠久光荣的历史和中国人民顽强的斗争精神，控诉侵略者的残暴，抒发人民在铁蹄下挣扎的悲怆和奋起反抗的激昂之情。全曲分为9个乐章：《序曲》、《黄河船夫曲》、《黄河颂》、《黄河之水天上来》、《黄水谣》、《河边对口曲》、《黄河怨》、《保卫黄河》、《怒吼吧！黄河》。每个乐章相对独立，各有特色，但各乐章又围绕着表现中华民族解放斗争的主题，高度统一，几个基本旋律贯穿始终。全曲具有鲜明的民族风格，音乐语言通俗明快，其最具独创性的艺术特色在于由丰富多彩的合唱手法和乐队的交响性发挥所形成的全曲的宏伟规模和英雄气概。《黄河大合唱》是反映中华民族解放运动的音乐史诗，充分体现了冼星海的卓越才华和杰出创造性。

　　冼星海在创作实践中坚持聂耳开始确立的革命音乐的创作方向，重视思想内容的深刻性和艺术的易解性的统一，将民族风格与现代音乐技巧相结合，其代表作《黄河大合唱》在中国音乐史上占有不朽的地位。

张大千临摹敦煌壁画

　　1940年，张大千赴敦煌临摹历代壁画，前后一共两年零七个月，敦煌之行，轰动了文化界。张大千（1899年—1983年），名权，后改作爰，号大千，小名季爰，生于四川内江，祖籍广东番禺。他青年时代从师于曾熙、李瑞清，与吴昌硕、黄宾虹等人常有交往，曾潜心于历代名家杰作，对石涛十分

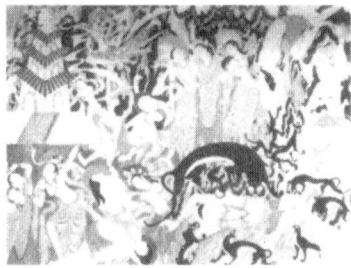

张大千临摹敦煌莫高窟壁画

推崇。1936年，出版《张大千画集》，徐悲鸿为其作序，称"五百年来一大千"。1938年，他在四川青城山上清宫临摹宋元名迹。1940年，赴敦煌临摹历代壁画，共摹276幅，并于1943年出版《大风堂临摹敦煌壁画》。1950年，他留居印度产大吉岭，临摹阿旃陀石窟壁画，与敦煌壁画作比较，其后，曾

张大千《并蒂莲》

移居阿根廷、巴西和美国，1978年移居台北，居台北摩耶精舍，1983年4月2日逝世。张大千晚年所作《长江万里图》，标志他创作的高峰期，泼彩成为他最富个性的画法。张大千晚年这一突变，意味着他的艺术风格转向现代画风。在此之前，他主要是临摹古迹，从石涛、朱耷一直向前摹徐渭、陈淳及宋元诸家作品，直到临摹敦煌壁画，其间画风由最初的近似石涛、朱耷而变为晋唐宋元风范。张大千临摹敦煌壁画，并为莫高窟重新编号，出版《大风堂临摹敦煌壁画》，促进了艺术家和史学家对发掘敦煌宝藏的兴趣。

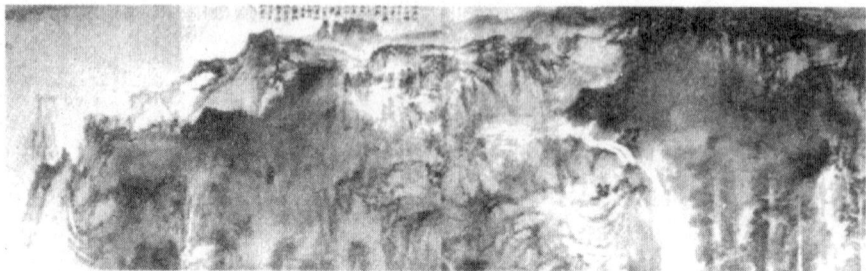

张大千《庐山图》

经典历史

ISBN 978-7-80766-663-9

9 787807 666639

0 2>

定价：45.80元